Architektur in Brandenburg

Bauten der Weimarer Republik

 Ein Projekt der Brandenburgischen Architektenkammer gefördert durch

Kulturland Brandenburg 2009 wurde gefördert durch das Ministerium für Wissenschaft, Forschung und Kultur sowie das Ministerium für Infrastruktur und Raumordnung des Landes Brandenburg. Mit freundlicher Unterstützung der brandenburgischen Sparkassen gemeinsam mit der Ostdeutschen Sparkassenstiftung.

Die Deutsche Nationalbibliothek verzeichnet diese Publikation in der Deutschen Nationalbibliografie; detaillierte bibliografische Daten sind im Internet über http://dnb.d-nb.de abrufbar.

ISBN: 978-3-03768-079-7

Dieses Werk ist urheberrechtlich geschützt. Jede Verwertung außerhalb der engen Grenzen des Urheberrechtsgesetzes ist ohne Zustimmung des Verlags unzulässig und strafbar. Dies gilt insbesondere für Vervielfältigungen, Übersetzungen, Mikroverfilmungen sowie die Einspeicherung und Verarbeitung in elektronischen Systemen.

© 2011 by Braun Publishing AG
www.braun-publishing.ch

Text- und Bildredaktion: Ulrike Laible, Steffi Kuthe
Grafikkonzept: Michaela Prinz, Berlin
Grafische Umsetzung: Manuela Roth, Berlin

Herausgegeben von Ulrike Laible

Architektur in Brandenburg

Bauten der Weimarer Republik

Mit Beiträgen von Nicola Bröcker, Andreas Butter, Silke Dähmlow, Ulrike Laible und Carsten Seifert

Fotografiert von Markus Hilbich

BRAUN

Inhalt

Baukultur und Demokratie – Bauen in Brandenburg 1919–1933 Bernhard Schuster	6
Wege moderner Architektur in Brandenburg – Planen und Bauen 1919–1933 Ulrike Laible	8
Potsdam	**14**
Geltow	36
Caputh	38
Kleinmachnow	42
Stahnsdorf	44
Brandenburg an der Havel	**46**
Rathenow	64
Nauen	66
Fehrbellin	68
Hennigsdorf	70
Bernau	72
Eberswalde-Finow	74
Niederfinow	76
Neuenhagen bei Berlin	78
Frankfurt (Oder)	**80**
Fürstenwalde	94
Guben	96
Forst (Lausitz)	98
Cottbus	**102**
Senftenberg	114
Lauchhammer	118
Finsterwalde	120
Jüterbog	124
Luckenwalde	**126**
Trebbin	138
Dahlewitz	140
Anhang, Dank	**142**
Literaturverzeichnis	144
Literaturempfehlung zu den Objekten	145
Autorenverzeichnis	150
Bildnachweis	152

Baukultur und Demokratie – Bauen in Brandenburg 1919–1933

Über 80 Jahre sind seit den 20er Jahren des 20. Jahrhunderts vergangen. Einer Zeit zwischen Aufbruch und Niedergang, auf der Suche nach einer neuen gesellschaftlichen Organisation, geprägt durch das Trauma des 1. Weltkrieges, des millionenfachen Abschlachtens zwischen den Kulturnationen. Aber auch befreit von jahrhundertealten gesellschaftlichen und kulturellen Konventionen.

Neue Grenzen in Europa, neue Nachbarn und eine Wirtschaft, die sich nach vier Jahren Krieg und dem Zusammenbruch einer alten Weltordnung auf neue Märkte und neue Produkte einstellen musste, auch auf den Beginn der globalen Vernetzung. Inflation und Weltwirtschaftskrise setzten zusätzliche Rahmenbedingungen.

In dieser Zeit vor 80 Jahren wurde vieles neu und anders als zuvor geschaffen. Bei neuen Wohnformen, Schulen, Industriegebäuden und öffentlichen Gebäuden wurden veränderte Ausdrucksformen gesucht. Vieles davon nahezu zur gleichen Zeit.

Trotz des tiefen Wertewandels in der Gesellschaft, der belastenden wirtschaftlichen Situation im Land, des Ringens der politischen Gruppen um die Macht und die Bestimmung der politischen Entwicklung des Staates verfiel diese Gesellschaft damals nicht in Agonie, sondern äußerte sich in ihren Bauten mit einem ausgeprägten Gestaltungswillen. Das Neue, die Demokratie – ihr Anspruch und ihre Bauaufgaben – waren dafür der Motor.

Im Umland von Berlin, in den preußischen Provinzen, wurden in der Zeit zwischen 1918 und 1933 eine Vielzahl neuer Gebäude errichtet.

Es liegt im Interesse des Landes Brandenburg, die Öffentlichkeit über die Bedeutung dieser Epoche unserer Baukultur zu informieren und zu sensibilisieren. Mit der Aufarbeitung der Architektur der Weimarer Republik lässt sich hervorragend der Spannungsbogen von der Bedeutung der ersten Demokratie in Deutschland zur Demokratie im Lande nach dem Fall der Mauer schlagen. Trotz schwieriger wirtschaftlicher Verhältnisse gingen von der Epoche der Weimarer Republik entscheidende kulturelle Impulse aus, die sich in der Architektur in einem Pluralismus unterschiedlicher Tendenzen und Strömungen zeigten. Es war möglich, Architekturqualität zu schaffen, die deutschlandweit und auch international einen hohen Stellenwert hat.

Oft war Brandenburg in dieser Zeit das Experimentierfeld für viele Bauaufgaben, Konstellationen und Ideen. Vieles wurde später davon in die Metropole Berlin, in andere Teile Deutschlands, aber auch in die Welt getragen. Hier liegt auch ein bedeutendes Alleinstellungsmerkmal für Brandenburg, mit der Vielfalt und dem Umfang der Architekturen dieser Zeit. Sie dokumentieren eine Aufbruchszeit mit dem Gestaltungswillen für die Zukunft, inhaltlich und formal. Bei allen wirtschaftlichen und politischen Ungewissheiten stellten sich Bauherren und Architekten in dieser Zeit selbstbewusst den Aufgaben der Gegenwart.

Das Wechselverhältnis zwischen der Gesellschaft und der Qualität der gebauten Umwelt in dieser Zeit gilt es für die Öffentlichkeit zu erschließen, aufzuarbeiten und zu transportieren.

Die Brandenburgische Architektenkammer widmet sich mit einer Reihe von Verbündeten – dem Ministerium für Infrastruktur und Landwirtschaft, dem Ministerium für Wissenschaft, Forschung und Kultur, Kulturland Brandenburg und der Brandenburgischen Ingenieurkammer – der Aufbereitung der Leistungen dieser Zeit. Mit der Kuratorin, Frau Dr. Ulrike Laible, baute die Brandenburgische Architektenkammer dieses Projekt mehrstufig auf. Die wissenschaftliche Aufbereitung ist hier die Basis allen Tuns. Eine Ausstellung, Informationsstelen an markanten Bauten dieser Zeit und der Architekturführer auch zur touristischen Nutzung stellen das Projekt dar.

Die Qualität der Bauten dieser Zeit vor 80 Jahren stellt den hohen Anspruch der Bauherren, der Architekten und letztendlich auch der Gesellschaft an Inhalt und Form der gebauten Umwelt dar. Vieles können wir von diesem Anspruch lernen. Ich danke allen Beteiligten an diesem Projekt und besonders dem Sponsor dieses Architekturführers, der HOCHTIEF Construction AG, formart Berlin-Brandenburg.

Bernhard Schuster
Präsident der Brandenburgischen
Architektenkammer

Wege moderner Architektur in Brandenburg – Planen und Bauen 1919–1933

Die Architektur der Moderne in Brandenburg stand lange Zeit im Schatten von Berlin. Zu dominant war die Großstadt im Herzen der Provinz in politischer, wirtschaftlicher und gesellschaftlicher Hinsicht. Berlin hatte sich in den 1920er Jahren zu einem Zentrum der Architekturmoderne entwickelt, dort fanden zahlreiche der wichtigsten Bauausstellungen der Zeit statt. Berlins neue Großsiedlungen erlangten schon zur Bauzeit internationales Renommée und tragen heute als herausragende Kulturleistung zu Recht den Welterbetitel. Der Blick auf die „Weltstadt" kann leicht darüber hinwegtäuschen, dass auch im heutigen Brandenburg die kurze Zeit zwischen den beiden Weltkriegen außergewöhnliche architektonische Zeugnisse hinterlassen hat. Nur wenige sind bekannt, wie der Einsteinturm in Potsdam, die Hutfabrik in Luckenwalde, die Bundesschule des Allgemeinen Deutschen Gewerkschaftsbundes in Bernau oder das Taut'sche Wohnhaus in Dahlewitz. Sie sind zumeist deshalb geläufig, weil hinter ihnen große Namen stehen: Erich Mendelsohn, Hannes Meyer, Bruno Taut. Sie hatten größere Chancen, nicht aus dem Blickfeld zu geraten, als die meisten anderen Bauten jener Epoche, weil sie mit außergewöhnlichen Formen und Konzepten auf sich aufmerksam machten – was allerdings auch diese Gebäude nicht vor Verwahrlosung, Verfall oder Entstellung schützte.

Ein Großteil dessen, was in Brandenburg gebaut wurde, ist aber in traditionellen Formen errichtet worden. Die wenigsten Architekten hatten sich zur radikalen Moderne bekannt. Sie reagierten mit unterschiedlichen Ansätzen und Lösungen auf die Probleme und Erfordernisse der Zeit. Die Schaffung von preisgünstigem Wohnraum und die Verbesserung des Wohnstandards für die Arbeiter, der Ausbau der sozialen Infrastruktur und die Versorgung der Städte mit modernen Einrichtungen für Bildung, Gesundheit und Erholung – all das waren anspruchsvolle Aufgaben, die an Kommunen, Genossenschaften und Architekten herangetragen wurden. Vieles davon wurde mit hohem sozialen Anspruch realisiert. Der Suche nach der neuen Form steht die Suche nach preiswerten Baustoffen gegenüber. Die Frage, wie der moderne Mensch woh-

Zimmer einer Arbeiter-Musterwohnung in Frankfurt (Oder), 1928

nen, arbeiten und leben soll, beschäftigte die Architekten in gleichem Maße wie die Frage nach der Produktion. Das Experimentieren mit neuen Materialien war charakteristisch für diese Zeit und wurde von progressiven wie von konservativen Architekten ausgelotet. Diese Vielfalt gilt es zu entdecken, eine Vielfalt an Formen und Themen, die die Moderne jenes kurzen Zeitraums von 15 Jahren bestimmte.

Wohnungsbau, städtebauliche Ordnung und Sozialreformen
Die große Wohnungsnot während der Weimarer Republik machte den Wohnungsbau zum zentralen Thema, das nahezu alle Architekten beschäftigte. Erstmals gab es eine verfassungsrechtliche Grundlage, nach der jedem Bürger seinen „Bedürfnissen entsprechende Wohnungs- und Wirtschaftsverhältnisse zu sichern" waren (Artikel 155, Abs. 1 der Weimarer Verfassung). Die Herausforderung für die Kommunen war groß, denn mit der Inflation und der Währungsreform war der private Wohnungsmarkt zusammengebrochen. Vor allem in Frankfurt (Oder) war der Zuzug von Flüchtlingen aus den ehemaligen Ostgebieten des Deutschen Reichs ein erschwerender Faktor. Der Wohnungsbau wurde – im Gegensatz zur Kaiserzeit – zur staatlich regulierten Aufgabe, die mit Hilfe von zahlreichen gemeinnützigen Wohnungsbaugesellschaften und Genossenschaften durchgeführt wurde, er wurde also Teil einer kommunalen Infrastruktur.

Die Bautätigkeit in der Provinz konzentrierte sich nach der Neuordnung des Landes vor allem auf die Städte. Brandenburg hatte durch die Bildung Groß-Berlins im Jahr 1920 fast zwei Millionen Einwohner verloren und ein Vielfaches seiner Wirtschaftskraft eingebüßt. Bedeutende Industrie lag jetzt im Stadtgebiet Berlins. Geschwächt von den Nachwirkungen des Ersten Weltkrieges trafen die Steuerverluste die Umlandkreise der Provinz in besonderem Maße.

Der Aufschwung begann mit Hilfe von staatlichen Fördermaßnahmen, der Aufnahme von Hypotheken und zinsvergünstigten Anleihen. In Luckenwalde wurden so allein zwischen 1919 und 1923 über 400 Wohnungen realisiert. Als dann am 1. April 1924 die Hauszinssteuer, eine reichsweite Besteuerung der privaten Mieteinnahmen aus dem Altbaubestand, in Kraft trat, konnte endlich der soziale Wohnungsbau in größerem Maßstab eingeleitet werden.

Eine bedeutende Funktion hatten die Stadtbauräte, die das architektonische Bild einer Stadt über mehrere Jahre hinweg nachhaltig prägten. Dies waren Moritz Wolf und Karl Erbs in Brandenburg an der Havel, Hugo Althoff und Otto Morgenschweis in Frankfurt (Oder), Heinrich Dreves und Karl Fischer in Potsdam, Johannes Boldt und Hellmuth Schröder in Cottbus, Rudolf Kühn in Forst und Josef Bischof in Luckenwalde. Sie lenkten die Baupolitik und nahmen Einfluss auf die architektonische Gestaltung vom Neubau bis zur Stadtbildpflege, oft mit einem kompetenten Stadtbaumeister an der Seite. In Brandenburg an der Havel und Luckenwalde wurden Bauberatungsstellen eingerichtet. Musterwohnungen wie

Städtebauliche Vision: das Buch von Karl Erbs, 1930

in der Luckenwalder Siedlung „Auf dem Sande" sollten die Arbeiter einbinden und aufklären – aber auch zum modernen Menschen erziehen.

Erstmals gab es geregelte Stadterweiterungen. Brandenburg an der Havel, das Zentrum der Metallindustrie, war ein Labor des deutschen Städtebaus mit einer herausragenden Siedlungslandschaft, einem Wohlfahrtsforum für die Bürger und ausgewiesenen Grünflächen. Auch wenn Moritz Wolf ein Vertreter des traditionellen Bauens war, so nahm sein Generalsiedlungsplan von 1925 bereits die Ideen der sozialorientierten Industriestadt mit Trabanten vorweg, die sein Nachfolger Karl Erbs mit einer ausgesprochen funktional-sachlichen Haltung zur Architektur weiterverfolgte.

Die Farbe trat als neues gestaltendes Element in die Architektur. Bruno Taut gehört hier sicherlich zu den Protagonisten, aber auch Erich Mendelsohn setzte in Luckenwalde leuchtend bunte Akzente, um die Architektur zu beleben. Die aufgelockerte Angersiedlung „Freie Scholle" in Trebbin mit Typenhäusern nach dem Selbstversorgerprinzip war Tauts Idealvorstellung der ländlichen Lebensgemeinschaft.

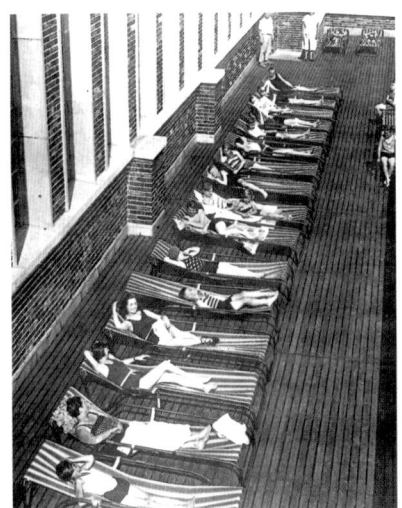

Sonnenterrasse, Friedrich-Ebert-Bad in Brandenburg an der Havel

Wie in anderen Regionen des Deutschen Reichs waren in der Provinz Brandenburg bis Mitte der 1920er Jahre zahlreiche Siedlungen nach gartenstädtischem Vorbild errichtet worden oder dem ländlichen Bauen verpflichtet. Mit der Stabilisierung der Wirtschaftslage um 1926 setzte der Massenwohnungsbau ein, gekennzeichnet durch die mehrgeschossige Bebauungsform aus Reihenhaus, Block und Zeile. In dieser Zeit beginnt auch der Umschwung zum Neuen Bauen. Herausragend sind die zahlreichen Siedlungen des jungen Willi Ludewig, die er als Chefarchitekt der „Märkischen Wohnungsbau" GmbH in Guben, Potsdam, Luckenwalde, Finsterwalde oder Cottbus plante. Radikal ist die Siedlung von Otto Haesler am Friedrich-Ebert-Ring in Rathenow: ein funktional-sachlicher, nach dem Sonnenstand ausgerichteter Zeilenbau mit zentralen Versorgungseinrichtungen.

Die bekannte Forderung „Licht, Luft und Sonne für alle" setzte sich nicht nur im Siedlungsbau durch, sondern zieht sich als Maxime der Moderne durch alle Bereiche. Ausgedehnte Grünanlagen und Sportstätten wie in Potsdam am Luftschiffhafengelände, in Brandenburg an der Havel am Grillendamm und in Frankfurt (Oder) in der ehemaligen Dammvorstadt (heute Słubice) sollten zur Gesundheit des Arbeiters beitragen. Das Wohlfahrtsforum in Brandenburg an der Havel, ein zweifellos modernes Ensemble aus Allgemeiner Ortskrankenkasse, Hallenbad und Turnhalle (die Schule dazu wurde nicht mehr realisiert) wurde schon damals als gebautes Manifest dieser Reformpolitik verstanden.

Als Bildungsstadt tat sich Frankfurt (Oder) hervor mit einer neuen Volksschule, der pädagogischen Akademie, einer Baugewerkeschule, einer Mädchenberufsschule und dem Musikheim. Erstmals wurde in der Weimarer Republik durchgeführt, was die Lebensreformbewegung um 1900 bereits verwirklichen wollte: eine Volksschule für alle, frei von der Klassengesellschaft. Neue Fächer wie die

Naturwissenschaften, Musik, Kunst und Tanz kamen hinzu, die entsprechende Lehrräume verlangten. Mehrzweckanlagen wurden erprobt mit Aulen oder einem Theatersaal wie in Luckenwalde. Das Walther-Rathenau-Gymnasium in Senftenberg von Bruno und Max Taut und Franz Hoffmann wurde gar als Bildungsforum mit mehreren Schulsystemen und einem Jugendheim geplant. In vielen Schulen verliehen die Architekten auch mit klaren Grundrissen und Formen der Reform baulichen Ausdruck. Die Gemeindeschule VII in Cottbus von Hellmuth Schröder trägt daher heute – historisch nicht ganz zutreffend – den Namen Bauhausschule.

Tatsächlich verbunden mit dem Bauhaus ist die Bundesschule des Allgemeinen Deutschen Gewerkschaftsbundes, denn sie wurde nach dem Entwurf von Hannes Meyer, dem zweiten Bauhaus-Direktor, und Hans Wittwer mit Bauhaus-Schülern gebaut. Sie diente der gewerkschaftlichen Fortbildung und gehört heute zu den Höhepunkten des Neuen Bauens in Brandenburg.

Neue Baustoffe und technische Innovationen – auf dem Weg in die Industrialisierung der Bauwirtschaft

Durch die wirtschaftliche Not und den Rohstoffmangel nach Kriegsende wurden unter dem Begriff „Sparsame Bauweisen" Alternativen entwickelt, die für die Folgezeit von großer Bedeutung waren. Noch während des Ersten Weltkriegs wurde 1917 der Reichsverband für Spar- und Ersatzbauweisen gegründet. Ziel war es, durch Rationalisierung der Bauprozesse und durch Verwendung von alternativen Baustoffen die Herstellungskosten zu senken. Die von Peter Behrens in Gruppenbauweise errichtete Häuserzeile der AEG in Hennigsdorf und die von Moritz Wolf in Brandenburg an der Havel eingesetzte Zollbauweise gehören zu dieser frühen Experimentierphase. Das in der Zollbau-Siedlung in Brandenburg angewandte Beton-Schüttverfahren und die innovative Dachkonstruktion waren sehr rationell und einfach in der Anwendung. Die Häuser der Siedlung mit ihrem charakteristischen Bogendach mag man zwar

Musikheim in Frankfurt (Oder), 1929

als traditionalistisch bezeichnen. Doch als hochgelobtes „Dach der Zukunft" wurde das Zollinger-Dach von konservativen und progressiven Architekten gleichermaßen eingesetzt. Erich Mendelsohn, Hugo Häring und Otto Bartning verwendeten es trotz des geringen ästhetischen Gestaltungsspielraumes, den die Konstruktion bot. Walter Gropius, Ludwig Hilberseimer und Mies van der Rohe rühmten den industriellen Wert des Systems, das die Forderung nach Typisierung und Normierung erfüllte. Wenig später wurde es von den Junkerswerken in Dessau in Stahl erprobt. Dass die Verbreitung ab Mitte der 1920er Jahre rückläufig war, lag vor allem an der Konsolidierung der Bauwirtschaft, womit zugleich neue Materialien und Techniken in die Diskussion rückten.

Einen Aufschwung erlebten die vorgefertigten Holzhäuser – eines der bekanntesten Beispiele ist das Sommerhaus von Albert Einstein in Caputh. Konrad Wachsmann, aus dessen Händen Entwurf und Konstruktionsweise stammten, hatte wesentlich dazu beigetragen, dass der Holzbau durch Modernisierung der Konstruktion wettbewerbsfähig wurde. Holz wurde wie Stahl zu einem der Hauptbaustoffe für leichte Vorfertigung, die sich zwar vor allem im Wohnhausbau verbreitete, aber das gesamte Spektrum an Bauaufgaben umfasste. In Spremberg etwa errichtete Wachsmann ein Walderholungsheim für lungenkranke Kinder, das 1945 abgebrannt ist. Es war in klaren sachlichen Formen funktional organisiert und der Aufgabe entsprechend mit viel Licht, Luft und Naturraum verbunden. Durch wissenschaftlich-technische Forschungen und Experimente kamen verschiedene Systeme auf den Markt, die rasch verbreitet und auch ins Ausland exportiert wurden. Die Firma Christoph & Unmack AG in Niesky, für die Wachsmann bis 1929 arbeitete, wurde Marktführer auf diesem Gebiet.

In Eberswalde wurden inmitten der Weltwirtschaftskrise Experimente zur Serienproduktion von Typenhäusern in Kupferblech durchgeführt. Die Kupferhaus-

Kinder-Walderholungsheim in Spremberg, 1929

siedlung der Hirsch Kupfer- und Messingwerke AG im Ortsteil Finow gehört heute zu den wichtigsten architektonischen Zeugnissen dieser frühen Phase des industrialisierten Bauens in Brandenburg. Auch hier wirkten Ingenieure und Architekten eng mit der Produktionsfirma zusammen. Zu einer groß angelegen Produktion kam es aufgrund der anhaltend schlechten Wirtschaftslage nicht mehr, dennoch gaben diese und andere Experimente wichtige Impulse für die Bauwirtschaft nach 1945. Heute verdient die in der kurzen Zeit der Weimarer Republik entstandene Architektur im Land Brandenburg nicht zuletzt wegen ihrer Ideen, Konzepte und Experimente für die Moderne mehr Beachtung. Die Ästhetik – nach der wir die Architektur meist bewerten – spielte damals nur *eine* Rolle unter vielen.

Zur Nutzung des Architekturführers
Die Auswahl der Bauten für diesen Architekturführer wurde vor allem unter dem Gesichtspunkt getroffen, der Vielfalt und Komplexität des Bauens in dieser Region Rechnung zu tragen. Architektur spiegelt immer auch die gesellschaftlichen Entwicklungen wider. Sie greift über territoriale und zeitliche Grenzen hinaus – auch wenn dieses Buch auf den Zeitraum der Weimarer Republik und auf die heutige Landesgrenze beschränkt wurde. Wichtig erschien es, die durchaus qualitätvolle Alltagsarchitektur stärker ins Blickfeld zu rücken. Eine Auswahl zu treffen unterliegt manchmal auch äußeren Zwängen. Private Einfamilienhäuser wurden nur vereinzelt aufgenommen, weil sie in der Regel nicht zugänglich sind. Auf andere Objekte musste verzichtet werden, weil spätere Eingriffe in die Bausubstanz deren ursprünglichen Charakter und Wert nur noch wenig oder gar nicht mehr erkennen lassen. Auch damit wird der Kulturtourist konfrontiert: dass viele Bauten Veränderungen erfahren haben oder sich in vernachlässigtem Zustand befinden, was wiederum ihre gesellschaftliche Akzeptanz und damit einen dauerhaften Erhalt besonders erschweren.

Der Architekturführer ist nach Regionen gegliedert. Den größeren Städten mit stärkerer Bautätigkeit ist eine kurze Einführung vorangestellt. Zur besseren Orientierung dienen die von Felicia Wendel gezeichneten Karten.

Auf meinen Reisen quer durch das Land habe ich zahlreiche interessante Entdeckungen gemacht, von denen viele nicht in den Führer einfließen konnten. Ich wünsche mir, dass Sie die Lektüre über den Erkenntnisgewinn hinaus auch zu eigenen Erkundungen inspirieren möge.

Ulrike Laible

Potsdam

Potsdam wird heute hauptsächlich (und wieder verstärkt) als Stadt der barocken Schlösser und Gärten wahrgenommen. Wenig bekannt sind die städtebaulichen und architektonischen Zeugnisse aus der Zeit der Weimarer Republik. Die einstige Residenz- und Garnisonsstadt Potsdam war nur langsam und verhalten zur Industriestadt ausgebaut worden. Die Stadtentwicklung in der Weimarer Republik unter den Stadtbauräten Heinrich Dreves (bis 1925), Karl Fischer (1926–1931) und Georg Fritsch (ab 1932) war auf die Randbereiche des Stadtgefüges in Erweiterung der Brandenburger, Nauener und der Teltower Vorstadt konzentriert. Bedeutung erlangte vor allem Babelsberg (damals noch bestehend aus den Gemeinden Nowawes und Neubabelsberg), das ab 1921 durch die Ansiedlung der Ufa neue Impulse erhielt. Als Grundlage für die Erweiterung von Nowawes diente ein Bebauungsplan von Peter Behrens aus dem Jahr 1920.

Der Schwerpunkt der Bautätigkeit lag im genossenschaftlichen und kommunalen Wohnungsbau. Mit Ausnahme der Gewoba-Siedlung in Babelsberg bewegte sich die Potsdamer Architektur vorwiegend im Bereich des traditionsgebundenen Bauens im Rückgriff auf Gartenstadtbewegung, Reformarchitektur und die alte Potsdamer Bautradition. Mit der Umstrukturierung des Geländes am ehemaligen Luftschiffhafen erhielt Potsdam ab 1924 eine umfangreiche Sport- und Freizeitstätte im Grünen. In dem heute stark verbauten Areal haben sich das Regattahaus und der Musikpavillon von Reinhold Mohr als Zeugnisse jener bedeutenden sozialreformerischen Ära erhalten.

Die attraktive Landschaft in der Nähe Berlins hatte Unternehmer, Künstler und Intellektuelle aus der Metropole nach Neubabelsberg gezogen. Hier wirkten Peter Behrens, Mies van der Rohe, Jean Krämer, Otto Rudolf Salvisberg, Erich Mendelsohn, Heinrich Laurenz Dietz, Hans Scharoun und andere. Gerade letztere setzten mit modernen Einfamilienhausentwürfen Merkzeichen für das Neue Bauen in der Provinz Brandenburg. Aus solch fruchtbaren Beziehungen stammt auch der Einsteinturm als Potsdams berühmtestes Bauwerk jener Zeit. **UL**

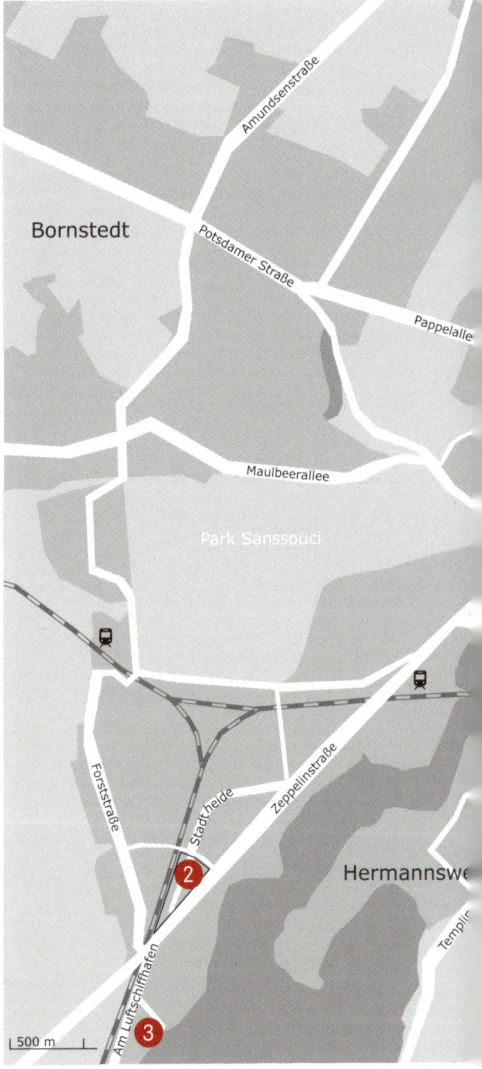

1 Einsteinturm
2 Siedlung Stadtheide
3 Regattahaus und Musikpavillon
4 Siedlung Am Schragen
5 Villa Gutmann (Herbertshof)
6 Depot der Städtischen Straßenreinigung und Müllabfuhr
7 Villa Mosler
8 Bauten der Ufa auf dem Filmstudiogelände Babelsberg
9 Wohnanlage der Gewoba
10 Verwaltungsgebäude der Allgemeinen Ortskrankenkasse Nowawes

Einsteinturm

Telegrafenberg, Albert-Einstein-Straße

Lageplan Potsdam: Nr. 1

Bauzeit: 1920–1921
(Ausstattung 1921–1924)

Architekt: Erich Mendelsohn

Gartenarchitekt: Richard Neutra

Bauherr: Einstein-Stiftung Potsdam

Der weltberühmte Einsteinturm ist einer der ersten und wenigen Bauten der jungen, von Krisen geprägten Weimarer Republik. Seine Errichtung im Inflationsjahr 1920 dokumentiert die damals ehrgeizigen Bestrebungen auf dem Felde der Naturwissenschaften und der innovativen Baukunst.

Seit 1917 plante der Astrophysiker Erwin Finlay-Freundlich eine technisch hochmoderne Beobachtungsstation mit Turmteleskop und unterirdischem Laboratorium. In diesem sollte die 1916 von Albert Einstein formulierte Allgemeine Relativitätstheorie experimentell überprüft werden. Es galt den empirischen Nachweis zu liefern, dass Licht in der Nähe einer großen Masse, nämlich der Sonne, um einen messbaren Betrag abgelenkt wird. Dazu war ein technisches Bauwerk notwendig, das mit einem Colostaten das Sonnenlicht auffangen, es vertikal ableiten, unterirdisch um 90 Grad umlenken und in einem Labor spektralanalytisch auswerten konnte.

Für die architektonische Gestaltung des projektierten Sonnenobservatoriums engagierte Freundlich den jungen Erich Mendelsohn. Der Architekt begann noch als Feldwebel an der Front spektakuläre Skizzen für den Forschungsneubau anzufertigen. Als enorme Herausforderung erwies sich schließlich die Umsetzung seiner organisch-expressiven Entwürfe in eine genehmigungsfähige Ausführung.

Mit der Realisation des Projekts schuf Mendelsohn ein Meisterwerk expressionistischer Architektur. Die einzigartige, kraftvoll-dynamische Bauskulptur ist geprägt durch eine erst anschwellende und aufsteigende, dann stufenförmig abwärts fallende und schließlich ausschwingende

Ansicht von Südwesten

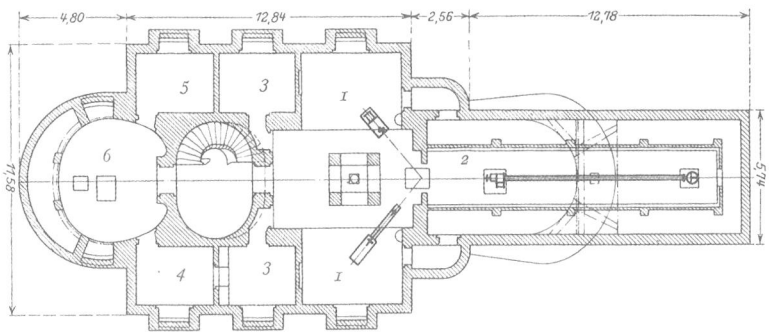

Abb. 2. Grundriß
1 Laboratorium, 3 m unter der Erde; *2* Spektrographenraum aus Torfoleum, gegen Temperaturschwankungen geschützt; *3* Geräteraum; *4* Dunkelkammer; *5* Raum für Hochspannungsbatterie; *6* Mikrophotometerraum.

Grundriss Kellergeschoss, 1920

Eingangsbereich

Bewegung. Prägnante Rundungen, tiefe Einschnitte, scharfkantige Linien beherrschen die Außenhaut des mehrfach gestaffelten, knapp 20 Meter hohen Bauwerks.

Eigentlich sollte das „Monument der Relativitätstheorie" im modernen Werkstoff Stahlbeton ausgeführt werden, doch das Vorhaben scheiterte. Die Wände wurden schließlich aus verschiedenen Baumaterialien gefügt (Stahlbeton, Backsteinmauerwerk, Putz) und mit einem ockerfarbenen Spritzputz überzogen, der den Eindruck eines völlig in Beton gegossenen Bauwerks suggeriert. Erhebliche bauphysikalische Mängel ließen das Gebäude bereits 1927 zum Pflegefall werden und machen heute eine jährliche Schadensanalyse erforderlich. **NB**

Der Einsteinturm, der zuletzt 1997-99 umfassend restauriert wurde, liegt auf dem Gelände des Wissenschaftsparks Albert Einstein. Der Zugang erfolgt über die Pforte an der Albert-Einstein-Straße. Der Fußweg zum Turm beträgt 5 bis 10 Minuten. Bei Vorlage eines Behindertenausweises wird die Anfahrt mit einem PKW gewährt. Eine Besichtigung von außen ist jederzeit möglich. Eine Innenbegehung ist ausschließlich im Rahmen einer Führung durch den Urania Verein „Wilhelm Foerster" Potsdam e.V. gestattet (Anmeldung: 0331-291741). Weitere Informationen unter: www.urania-potsdam.de.

Siedlung Stadtheide

Zeppelinstraße, Stadtheide, Im Bogen

Lageplan Potsdam: Nr. 2

Bauzeit: 1919–1923

Architekt: Heinrich Alfred Kaiser

Bauherr: Stadtbauamt Potsdam

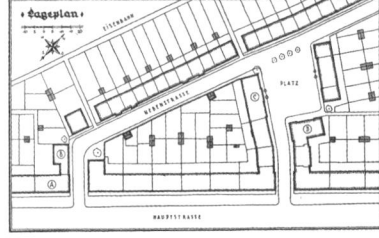

Lageplan, 1919

Die Siedlung Stadtheide war das erste Wohnungsbauprojekt, das in Potsdam nach dem Krieg in die Wege geleitet wurde, um die dramatische Wohnungsnot zu bekämpfen. Im März 1919 startete das städtische Hilfsprojekt, das damit zu den frühesten seiner Art gehört. Innerhalb von vier Jahren konnte es 232 bezahlbare, kleine und mittelgroße Wohneinheiten mit zwei bis vier Zimmern bereitstellen. Somit war die Siedlung Stadtheide genau auf den aktuellen Bedarf am Wohnungsmarkt zugeschnitten.

Die Kommune offerierte für das dringliche Bauvorhaben ein Grundstück in günstiger Lage im südwestlichen Stadterweiterungsgebiet, unmittelbar an der Ausfallstraße nach Brandenburg an der Havel. Das Siedlungsterrain zwischen Zeppelinstraße, Eisenbahnstraße und der Straße Im Bogen besitzt die markante Form eines schmalen, sehr spitz zulaufenden Tortenstücks.

Heinrich Alfred Kaiser, Architekt aus Berlin-Charlottenburg, entwarf für das städtische Hochbauamt die ungewöhnlich abwechslungsreiche Wohnbebauung. Es ist die gekonnte Kombination von unterschiedlichen Haustypen, die das Siedlungsprojekt auszeichnet.

An der Zeppelinstraße reihen sich in einer Flucht spätbarock anmutende Stadthäuser für jeweils vier bzw. sechs Familien. In der abgewinkelten Stadtheide dagegen dominieren zunächst kleine, ländlich geprägte Einfamilienhäuser. Erker mit Sichtfachwerk setzten hier deutliche Akzente. Die Platzanlage wiederum wird von größeren, klar gegliederten Wohnhäusern umstanden. Hier bildet das „Kaufhaus" durch sein kunstvoll geschwungenes Walmdach und die Schaufensterbögen einen optischen Höhepunkt. Im weiteren Verlauf der Stadtheide wiederholen sich die zweigeschossigen Haustypen in gerin-

Häuserzeile am Platz, um 1924

Hauserzeile Zeppelinstraße

ger Abwandlung, sind nun jedoch locker gruppiert. Ein auffallend hohes, kubisches Wohnhaus-Paar verleiht der Straßenecke Im Bogen/Zeppelinstraße einen besonderen Akzent.

Als Vorbild für Struktur und Architektur der Siedlung diente Kaiser das „alte Potsdamer Stadtbild" des 18. Jahrhunderts. Durch die überwiegend straßenparallele Anordnung der Häuser blieb viel Fläche für Gartenland übrig. Die Bewirtschaftung der Mietergärten war in Zeiten der Not für manche Familien lebensnotwendig. **NB**

Vierfamilienwohnhaus am Platz, um 1924

Die Wohnanlage Stadtheide ist heute überwiegend Eigentum der PRO POTSDAM GmbH. Seit 1999 wird sie sukzessive denkmalgerecht saniert. Eine Begehung des Siedlungsgeländes ist jederzeit möglich.

Blick in die Straße Stadtheide

Regattahaus und Musikpavillon

Am Luftschiffhafen 2 / Uferweg am Templiner See

Lageplan Potsdam: Nr. 3

Bauzeit: 1925, Umbauten 1926, 1930, 1934

Architekt: Reinhold Mohr

Bauherr: Stadt Potsdam

Ansicht von Süden, 1925

1924 hatte die Stadt das 100 Morgen umfassende Gelände des aufgelassenen Luftschiffhafens am Templiner See erworben, um dort einen Land- und Wassersportplatz anzulegen. Bis 1927 erfolgte der Ausbau zur bedeutendsten Sportanlage in Brandenburg. Sie umfasste ein neues Stadion mit Tribüne, ein Leichtathletikgelände, ein Licht- und Luftbad, Umkleidehallen für die Sportstätten und das Freibad, einen Reitturnierplatz, einen Schießstand, und ein Wirtshaus mit Sommergarten. Für die Landschaftsgestaltung zeichnete Hans Kölle verantwortlich, für die Architekturentwürfe Reinhold Mohr, der seit 1918 Stadtarchitekt in Potsdam war. Jährlich fanden zahlreiche Veranstaltungen auf dem Gelände statt, darunter die „Allgemeine Wassersportausstellung".

Für die vielen Bootswettkämpfe – 1929 wurde von 40 Renntagen im Sommer berichtet – errichtete Reinhold Mohr wenige Meter oberhalb des Seeufers ein Regattahaus mit Restaurationsbetrieb. Mit den gestaffelten Geschossen und den auskragenden Dächern erinnerte der Entwurf von

Ansichtszeichnung mit verglaster Veranda (Ausschnitt), 1930

Untere Loggia, 1925

der Seeseite aus gesehen an Pagodenarchitektur. Den Kern des Gebäudes bildete ein zweigeschossiger Saalbau, der an drei Seiten von einer Loggia umschlossen war. Das oberste Geschoss am Kopfbau wurde in Holzbauweise für die Regattaleitung errichtet. Mohr schuf hier eine ganz eigenwillige Architektur in ausdrucksstarken expressionistischen Formen und Farben. Auffällig sind die sich nach unten verjüngenden und mit einer Stülpschalung versehenen Stützen der Loggia. Leuchtend bunte Farben in orange und graublau verstärkten diese Expressivität.

1930 wurde die Loggia im Erdgeschoss verglast. Gleichzeitig wurde das Gebäude durch eine Sommerhalle auf der Westseite und einen Wirtschaftstrakt auf der Nordseite erweitert. 1934 erhielt die obere Weinterrasse ihre heutige Gestalt.

Am Templiner See unterhalb des Regattahauses errichtete Reinhold Mohr 1932 einen Musikpavillon als filigrane, in die Seenlandschaft eingebundene Stahl-Glas-Architektur mit weit vorkragendem Flachdach. Beide Bauten gehören trotz späterer Veränderungen zu den modernsten Architekturzeugnissen in Potsdam. Dass das Regattahaus 1925 in der Ausstellung „Typen neuer Baukunst" in der Städtischen Kunsthalle Mannheim neben Bauten der Avantgardearchitekten wie Mies van der Rohe, Hans Poelzig oder Hans Scharoun vertreten war, offenbart diesen Stellenwert schon bei den Zeitgenossen. **UL**

Musikpavillon, 1932

Das Gelände des ehemaligen Land- und Wassersportplatzes Luftschiffhafen ist heute im Bereich des Wassersportbereiches durch einen Zaun vom Templiner See getrennt. Das Regattahaus steht seit vielen Jahren leer und ist nicht zugänglich. Auch der Musikpavillon wird nicht mehr genutzt und ist von zunehmendem Verfall geprägt.

Siedlung Am Schragen

Am Schragen, Pappelallee

Lageplan Potsdam: Nr. 4

Bauzeit: 1923–1926

Architekt: Georg Fritsch

Bauherr: Gemeinnütziger Beamten-Siedlungsverein „Vaterland" Potsdam (gegr. 1922)

sitzender und Architekt Georg Fritsch 17 Einzelbauten, die er geschickt auf dem leicht abschüssigen Gelände platzierte: Die Häuser zur Jägerallee (heute Im Schragen) reihen sich in weichem Schwung an einer straßenparallel geführten Promenade. Grünstreifen, Fahrweg, Trottoir und Vorgärten schaffen wirkungsvoll Abstand zur verkehrsreichen Potsdamer Nord-Süd-Tangente. Die übrigen Häuser umstehen einen schiefwinkligen, leicht abschüssigen Anger auf dem rückwärtigen Grundstück.

In der dorfähnlichen, kleinen Siedlung ist das vierfach gereihte Haus der häufigste Bautyp. Es bildet gemeinsam mit sieben weiteren Doppel-, Einzel- und Etagenwohnhäusern eine in sich geschlossene städtebauliche Einheit. Auffällige

Anger, Ansicht von Norden

Die beschauliche Siedlung Am Schragen hebt sich durch eine intensive Farbgestaltung im Stadtbild hervor: Kräftige Töne wie rot, gelb, orange, erdbeerfarben, goldbraun und grün prägen das Erscheinungsbild der Wohnhäuser. Die frische Farbpalette ist wichtiger Bestandteil der wohl durchdachten und soliden Gesamtplanung.

1923 kaufte der neubegründete Potsdamer Siedlerverein „Vaterland" ein L-förmiges Grundstück in bester Stadtlage, vis-à-vis der Russischen Kolonie Alexandrowka. Sogleich entwarf ihr Erster Vor-

Torbögen und niedrige Bautrakte verbinden die walmgedeckten Bauten untereinander und schirmen so das Privatgelände zum öffentlichen Raum hin ab. Den 66 Wohneinheiten ist jeweils eine kleine Gartenparzelle zur Selbstversorgung beigeordnet.

Die Siedlung ist städtebaulich von der Gartenstadtidee beeinflusst. Ihre Hausformen nehmen Bezug auf die preußische Baukunst um 1800, ihre Farbgebung auf Wohnanlagen von Bruno Taut. Schmuckelemente und Eingangstüren sind deutlich vom Expressionismus beeinflusst.

Promenade, Ansicht von Osten

Promenade, Blick nach Süden

Neben Grundstruktur und Detailgestaltung verlieh der gehobene Standard der Siedlung hohe Qualität: Die vorwiegend für Beamte und Militärangehörige geplanten Wohneinheiten verfügten jeweils über Bad, Innentoilette, Erker bzw. Wintergarten – eine für die Mitte der 1920er Jahre durchaus komfortable Ausstattung. **NB**

Die Siedlung wurde nach Kriegsende bis 1992 von sowjetischen Militärangehörigen bewohnt. 1993/94 erfolgte ihre umfassende denkmalgerechte Sanierung und der Ausbau der Dachräume zur Wohnnutzung. Eine Begehung des Siedlungsgeländes ist jederzeit möglich.

Villa Gutmann (Herbertshof)

Bertinistraße 16/16a

Lageplan Potsdam: Nr. 5

Bauzeit: 1920–1927 (Umbauten und Ausstattung)

Architekt: Reinhold Mohr

Bauherr: Herbert M. Gutmann

Die neubarocke Villa am Südufer des Jungfernsees erwarb Herbert Gutmann im Jahr 1919. Das malerisch gruppierte Anwesen umfasste damals bereits einen weitläufigen Hausgarten, ein Wassergrundstück, einen Tennisplatz, verschiedene Wirtschaftsgebäude und Stallungen. Die exponierte Lage und das komfortable Hauptwohnhaus mit seinen zahlreichen Zimmern entsprachen den zeitgemäßen Ansprüchen eines vermögenden Bankiers. Doch Gutmann gab sich damit nicht zufrieden: Durch mehrere Anbauten und Umgestaltungen sowie die Einbeziehung seiner umfassenden Kunstsammlung in das private Wohnhaus schuf er einen einzigartigen, höchst individuellen Landsitz, der seinesgleichen suchte.

Nach dem erzwungenen Auszug der jüdischen Familie Gutmann 1933 führten Fremdnutzung, Leerstand und Hausbesetzung zum beklagenswerten Zustand der Villa. Die einst hochwertige Ausstattung mit wertvollen Möbeln, Bildern und Kunstgegenständen ist uns heute allein durch historische Fotografien dokumentiert. Eine vage Vorstellung von der Bedeutung der Sammlung Gutmann geben lediglich ein Deckengemälde von Anton Ellinger im Großen Saal und das sogenannte „Arabicum". Dabei handelt es sich um eine zweigeschossige Raumausstattung aus dem späten 18. Jahrhundert, die einst einen wohl repräsentativen Empfangsraum in Damaskus schmückte. Gutmann hatte die reich verzierten Paneele auf einer Dienstreise in Syrien erworben. Die räumliche Rekonstruktion dieser Rarität erfolgte 1921 in einem eigens dafür errichteten Anbau, der nach Plänen des Potsdamer Architekten Reinhold Mohr ausgeführt worden war.

1926/27 erfolgte erneut die Erweiterung des Haupthauses durch einen

Gartenfassade, um 1928

Turnhalle, Blick Richtung Tür, 1928

zweigeschossigen Flügel. In dessen Obergeschoss ließ Gutmann eine moderne Privatturnhalle einrichten, die nahezu unversehrt erhalten ist. Sie diente der Leibesertüchtigung seiner drei Kinder, gelegentlich als Festsaal oder Filmvorführraum. Die hochaufstrebende, durch sechs Spitzbögen rhythmisierte Halle erinnert an gotische Sakralräume. Ein breites Oberlicht im First und Prismenleuchten an den Bindern belichten den Raum. Mit der Privatturnhalle im Herbertshof schuf Reinhold Mohr ein seltenes Werk expressionistischer Architektur und Ausstattungskunst.

NB

Die Villa Gutmann wird derzeit für Wohnzwecke hergerichtet. Eine Besichtigung ist aufgrund der privaten Nutzung des Objekts nicht möglich.

Turnhalle, Blick Richtung Ofen

Depot der Städtischen Straßenreinigung und Müllabfuhr

Hebbelstraße 1

Lageplan Potsdam: Nr. 6

Bauzeit: 1929–1932

Architekten: Karl Fischer mit Bauoberinspektor Kurtze und Architekt Hampel

Bauherr: Stadt Potsdam

hervor und setzt im Stadtbild zwischen Holländischem Viertel, Berliner Vorstadt und Altstadt einen neuen Akzent.

Die Planung begann 1927 auf dem Grundstück des städtischen Feuerwehrdepots. Die Anlage wurde über winkelförmigem Grundriss entlang der heutigen Hebbel- und Gutenbergstraße errichtet. In den beiden eingeschossigen Flügelbauten befanden sich Depots für die Fahrzeuge. Mannschaftsräume, Verwaltung und Betriebsleiterwohnung waren in dem dreigeschossigen kubischen Baukörper untergebracht, der an der Schnittstelle beider Flügelbauten wie ein massiver Turm aus dem Komplex ragt. Indem die Architekten ihn aus der Baufluchtzurückversetzten, hatten sie eine spannungsreiche Ecklösung geschaffen, die an der

Ansicht von Westen

Die Modernisierung der Städte mit neuen Versorgungsanlagen und Verkehrsbauten gehörte in der Weimarer Republik zu den wichtigen sozialen Bauaufgaben. In Potsdam zählt das Depot der Städtischen Straßenreinigung und Müllabfuhr zu den herausragenden kommunalen Bauten der Zeit. Mit seiner modernen Kubatur und der expressionistischen Gestaltung hebt es sich aus der vorwiegend traditionell geformten Potsdamer Architekturlandschaft

Kreuzung beider Straßenzüge einen städtebaulichen Akzent setzt.

Der Bau wurde aus Stahlbeton errichtet und mit dunkelrotem, hart gebranntem Klinker verkleidet. Das Material war besonders witterungsbeständig und beliebt wegen seiner Fähigkeit, besondere Farb- und Lichteffekte zu erzeugen. Mit der Fassadengestaltung aus eng gereihten, über Eck gestellten Wandvorlagen, welche die Vertikale betonen und für eine Plasti-

Das Depot um 1932

zität und Rhythmisierung des Baukörpers sorgen, wurde eine „Ausdruckskunst" geschaffen, die charakteristisch für die Architektur des Expressionismus jener Zeit ist. Vom Bildhauer Ernst-Richard Otto stammen die Figuren über dem kräftigen Gesims des Verwaltungsbaus.

Die qualitätvolle Ausführung der Anlage dokumentiert den hohen Gestaltungsanspruch, den die Stadt in der Weimarer Republik unter Stadtbaurat Karl Fischer verfolgte. **UL**

Hofansicht, um 1932

Fassade Verwaltungsbau

Villa Mosler

Karl-Marx-Straße 29

Lageplan Potsdam: Nr. 7

Bauzeit: 1924–1926

Architekt: Ludwig Mies van der Rohe

Bauherr: Georg Mosler

1921 erwarb das wohl kostspieligste Grundstück der Villenkolonie Neubabelsberg der Berliner Börsendirektor der Dresdner Bank, Georg Mosler. Auf seiner 8000 Quadratmeter großen Parzelle am Südhang des Griebnitzsees ließ er für sich, seine Ehefrau Dora und seinen Sohn ein exquisites Wohnhaus mit etwa 380 Quadratmetern Wohnfläche errichten. Als Architekt hatte Mosler den jungen Ludwig Mies van der Rohe engagiert, nach dessen Entwürfen bereits zwei Villen in der unmittelbaren Nachbarschaft entstanden waren: die Landhäuser Riehl (um 1907) und Urbig (1917).

Mies entwickelte für den jüdischen Bankier kein avantgardistisches Wohnhaus sondern eine traditionalistische, großbürgerliche Villa. Auf den ersten Blick wirkt sie geradezu konventionell: Der breitgelagerte Kubus, das steile Walmdach, der flachgedeckte Anbau mit Terrasse und die dem Hauptbau seeseitig vorgelagerte Loggia erinnern vielmehr an klassische Villentypen oder gar an Herrenhäuser. Doch auf den zweiten Blick erweist sich Haus Mosler durch eine Reduktion der Formen, eine hohe Materialästhetik und eine außergewöhnliche Ausstattung als in seiner Zeit überaus modern.

Der Außenbau zeigt eine sehr klare Grundform und ist streng symmetrisch gegliedert. Höchst ausgewogen sind die klar voneinander abgesetzten Bauvolumen proportioniert. Moderne Materialien von edelster Qualität und bester Verarbeitung prägen sein Erscheinungsbild: Penibel sind die flachen, holländischen Verblendziegel mit Stegfugen gemauert, akkurat die Travertin-Elemente geschnit-

Eingangsseite

ten und gesetzt, sorgfältig die Schieferplatten des dunkelgrauen Daches verlegt.

Die Innengliederung zeigt das klassische Raumprogramm mit äußerst repräsentativen Gesellschaftsräumen. Bei der Ausstattung erreichte Mies wiederum durch die Vereinfachung der Form und eine sichere Materialwahl höchste Perfektion. Von Mies' Liebe zum Detail zeugen heute noch die Treppe aus Nussbaum, Türen aus Makassar-Ebenholz, Fensteroliven aus Horn oder das Ankleidezimmer mit Schränken aus Korallenpalisander. Technische Raritäten im Einfamilienhausbau der 1920er Jahre, wie etwa der Personenaufzug oder der begehbare Safe, fielen – neben zahlreichen anderen Ausstattungselementen – einer dramatischen Sanierung im Jahr 2000 zum Opfer. **NB**

Eine Besichtigung ist aufgrund der privaten Nutzung des Objektes nicht möglich. Die moderne Gartengestaltung stammt von dem bekannten holländischen Designer Piet Oudolf.

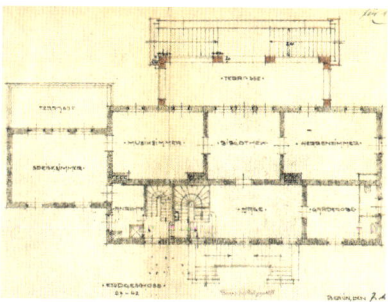

Grundriss, 1924

Treppenhaus

Bauten der Ufa auf dem Filmstudiogelände Babelsberg

August-Bebel-Straße 26–53

Lageplan Potsdam: Nr. 8

Ufa-Großatelier, sogenannte Stumme Halle (heute Marlene-Dietrich-Halle, Haus 1)
Bauzeit: 1926–1927
Architekt: Carl Stahl-Urach

Tonfilmatelier, sogenanntes Tonkreuz (heute Haus 2)
Bauzeit: 1929
Architekt: Otto Kohtz

Bauherr: Universum-Film AG (Ufa)

halb Monaten als Produktionsstätte für Stummfilme. Das Filmstudio wurde in Eisenfachwerk mit einer Gesamtfläche von 5.400 Quadratmetern errichtet. Verschiebbare Innenwände erlaubten die Unterteilung in drei Einzelateliers für die gleichzeitige Produktion mehrerer Filme. Heute sind die Ateliers baulich voneinander getrennt, das Fachwerk ist durch eine Wellblechkonstruktion der 1980er Jahre verdeckt.

Der bedeutendste Bau der Zwischenkriegszeit auf dem Ufa-Gelände ist das „Tonkreuz". Anlass zum Bau des ersten Tonfilmstudios auf deutschem Boden gaben zunehmende Erfolge der amerikanischen Filmindustrie mit Tonfilmproduktionen. Der Name der von Otto Kohtz entworfenen Halle bezieht sich auf ihre Grundform. Um einen zentralen Lichthof,

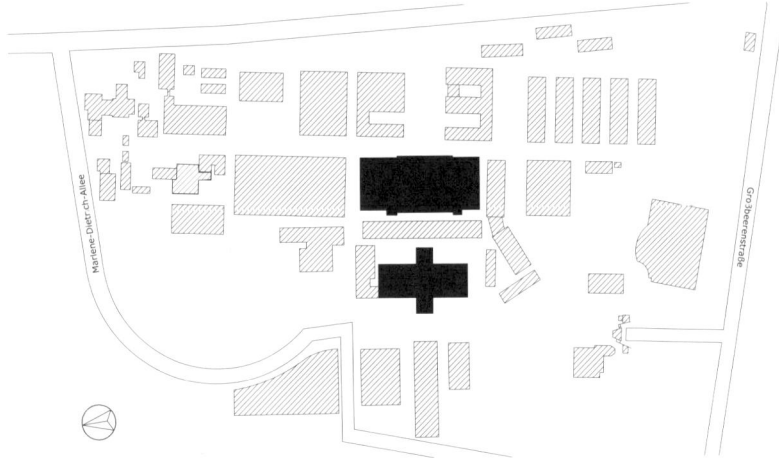

Lageplan Filmstudiogelände

Seit 1911 ist das Gelände in Babelsberg Standort für die Filmproduktion. Die erste Produktion der damaligen Deutschen Bioscop-Gesellschaft fand unter Einbeziehung von Gebäuden einer ehemaligen Kunstblumenfabrik statt. 1921 übernahm die Ufa die Gesellschaft und ließ die Produktionsstätte sukzessive erweitern. Herausragende architektur- und technikgeschichtliche Bedeutung besitzen vor allem die beiden großen Filmateliers „Stumme Halle" und „Tonkreuz".

Die sogenannte „Stumme Halle" entstand in einer Rekordzeit von nur dreieinhalb an den sich der Dienstbereich für Tonaufnahmen anschließt, ordnete Kohtz kreuzförmig vier Tonateliers an. Garderoben und Requisiten brachte er in niedrigen Anbauten an der Ost- und Westflanke unter. Mit der Aufteilung der einzelnen Funktionsbereiche und zahlreichen bautechnischen Finessen schuf er völlig schall- und schwingungsfreie Aufnahmehallen, die der Ufa zeitweilig eine führende Position auf dem europäischen Tonfilm-Markt sicherten. Die mit tiefrotem Klinker verblendete Halle galt schon den Zeitgenossen als architektonische Meisterleistung.

Bis 1939 war Kohtz der Hausarchitekt der Ufa. Nach seinen Entwürfen entstanden 1930 das Fundusgebäude, 1933/34 das Trickfilmatelier und der Rückprojektionskanal sowie die groß angelegten Filmstadt-Planungen der NS-Zeit. **UL/NB**

Die Gebäude können im Rahmen der Rundfahrt Medienstadt besichtigt werden (Studio-Tour, geführte Besichtigung). Informationen unter: www.filmpark-babelsberg.de

Luftbild „Ufa-Stadt" Neubabelsberg, 1937

„Tonkreuz", Ansicht von Südwesten, 1929

„Tonkreuz", Ansicht von Nordosten, 1929

Wohnanlage der Gewoba

Paul-Neumann-Straße (ehem. Schützendamm), Althoffstraße, Pestalozzistraße, Blumenweg

Lageplan Potsdam: Nr. 9

Bauzeit: 1928–1931, 1934–1938

Architekt: Willi Ludewig (1928–1931) (Betreuung: Märkischer Wohnungsbau m.b.H. Berlin)

Bauherr: Gewoba Nowawes

Fassade mit verklinkerten Treppenhausrisaliten

Bis zu seiner Eingemeindung im Zuge der Großstadtbildung Potsdams 1938/39 war Nowawes (böhmisch: Neues Dorf) eine eigenständige, aus einer friderizianischen Weberkolonie hervorgegangene Gemeinde, die 1924 Stadtrecht erhielt.

Ende des Ersten Weltkrieges setzte eine gezielte Siedlungspolitik mit der vom Forstfiskus als Bauland erworbenen, 52 Hektar umfassenden „Großen Sandscholle" ein. Dort baute die im Februar 1928 gegründete örtliche Wohnungsbaugenossenschaft Gewoba auf Erbbau-Pachtland.

Der Berliner Märkische Wohnungsbau m.b.H. betreute das Bauvorhaben planerisch. Entlang der Paul-Neumann-Straße, die in ihrer diagonalen Anlage wohl auf einen 1920 von Peter Behrens entworfenen Bebauungsplan zurückgeht, wurden 1928–1931 nach Plänen Willi Ludewigs ca. 210 der insgesamt 344 Wohnungen mit Läden und einer Gaststätte gebaut.

Zeigte sein erster Entwurf noch spannungsvolle Kubaturen mit Flachdach in

Paul-Neumann-Straße, Blick nach Südwesten

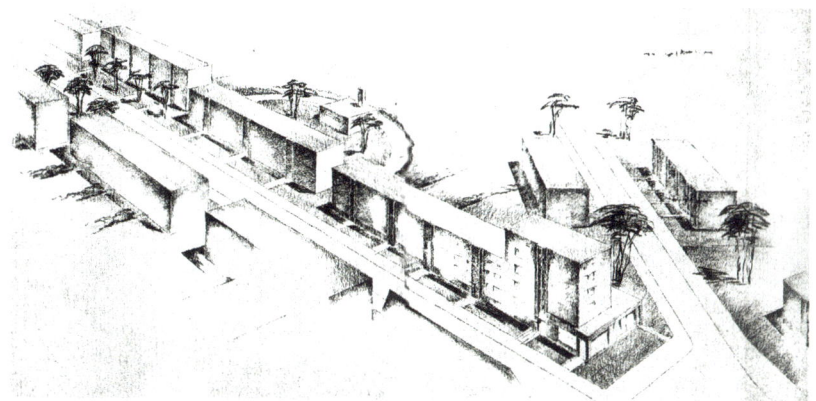

Die erste Planung Ludewigs (Isometrie)

einer radikal modernen Formensprache, wurden nach einer Planänderung Walmdächer für die südlichen Flügelbauten sowie den nördlichen Kopfbau städtebaulich angepasst. Im Zentrum, wo aus der Bauflucht zurückgesetzte Blöcke einen platzartigen Raum bilden, wurden die Formen des Neuen Bauens beibehalten. Korrespondierende zwei- und dreigeschossige Blöcke, durch Vor- und Rücksprünge sowie verklinkerte Loggien und Treppenhäuser gegliedert, säumen die Hauptachse.

Der spektakulärste Bau der Anlage ist das Heizhaus, das in Form eines in der Höhe gestaffelten Viertelkreissegmentes zwischen den Blöcken zurückgesetzt leicht erhöht steht. Sein breiter Backsteinschornstein verweist werbewirksam auf den neuen Standard der Siedlung, die als erste der Stadt eine zentrale Wärmeversorgung besaß. Außerdem diente es als Gemeinschaftswäscherei und Sitz der Genossenschaft. Es entstand wenig später als das Wohnhaus Bruno Tauts in Dahlewitz, das 1926 in gleicher Grundform errichtet wurde. Im Unterschied zu diesem waren im Heizhaus die Räume unterschiedlicher Funktionen dem Kreissegment folgend in einer Radialstruktur angeordnet. Diese wurde während der Sanierung des Denkmals in den 1990er Jahren zu großen Teilen entfernt. **SD**

Heizhaus der Gewoba, 1929

Verwaltungsgebäude der Allgemeinen Ortskrankenkasse Nowawes

heute Ärztehaus, Wohnhaus und Apotheke

Kopernikusstraße 32

Lageplan Potsdam: Nr. 10

Bauzeit: 1928–1929

Architekt: Ernst H. Schweizer

Bauherr: Allgemeine Ortskrankenkasse (AOK), Nowawes

Eines der zentralen politischen Anliegen der Weimarer Republik war es, die Gesundheitsfürsorge der Menschen insbesondere in den städtischen Gebieten zu verbessern. Für dieses Bestreben steht beispielsweise der Bau des AOK-Gebäudes im Potsdamer Vorort Babelsberg. Er nahm die Verwaltung der Krankenkasse, zwei Arztpraxen, eine Zahnklinik, mehrere Wohnungen und im Untergeschoss medizinisch-therapeutische Behandlungsräume mit einem großen Baderaum auf.

Ausdruckskraft und Präsenz erhält das gestreckte, dreigeschossige Backsteingebäude maßgeblich durch seine effektvolle städtebauliche Inszenierung. Es bildet den zentralen Blickpunkt an der Ostflanke einer parkähnlichen Grünfläche von dreieckigem Zuschnitt.

Ansicht von Süden

Ansicht von Süden, 1930

Im Vergleich zum gegenüber gelegenen Ziegelbau der Goethe-Schule von 1911 besticht das historisch geprägte AOK-Gebäude aus den 1920er Jahren durch seine expressive Formensprache. Es sind die akkurat platzierten Baudetails, die den im Grundsatz konventionell geformten Baukörper auszeichnen: So strukturiert ein gratiges Liniengerüst aus kantig vortretenden Backsteinen die Fassade vertikal und horizontal. Seine skulpturale Textur erhält das Gebäude durch die beiden steilen Giebelfelder, die mächtige Treppenanlage und die übergroße Werksteinrahmung des Haupteingangs.

Das AOK-Gebäude zeichnet sich durch eine lebhafte, vom Backstein-Expressionismus der Zeit beeinflusste Farbigkeit aus. Überaus sorgfältig sind die roten bis dunkelbraunen Verblendsteine zu dekorativen Mustern gesetzt. Diese Dekorationsweise fand auch im Gebäudeinneren seine Fortsetzung: Heute bezeugt dies nur noch die kleine Eingangshalle, die einst zum „Publikums-Schalterraum" der AOK im eingeschossigen Anbau an der Gartenseite überleitete.

Mit dem multifunktionalen Gebäude der AOK ist dem heute unbekannten Architekten Ernst Schweizer aus Berlin-Wilmersdorf ein durchaus spannungsvolles und dynamisches Werk gelungen. **NB**

Das Gebäude ist während der regulären Geschäftszeiten zugänglich.

Fassadendetail

Villa Frank

**Geltow (Gemeinde Schwielowsee)
Auf dem Franzensberg 1/1a**

Bauzeit: 1928–1930

Architekt: Ernst Ludwig Freud

Bauherr: Dr. Theodor Frank

Am Südhang des Franzensbergs, weit oberhalb des Schwielowsees, präsentiert sich die Villa Frank auf einem 12.000 Quadratmeter großen Grundstück. Ihre exponierte Lage bietet einen grandiosen Panoramablick über den See und in die Havellandschaft.

Das repräsentative Landhaus gilt als Hauptwerk von Ernst Ludwig Freud, dem jüngsten Sohn des Psychoanalytikers Sigmund Freud. Der 27-jährige Architekt kam 1919 aus Wien nach Berlin. In der pulsierenden Metropole avancierte er schnell zum angesehenen Architekten für das vermögende Bürgertum. Nachweislich neun Einfamilienhäuser entstanden nach Freuds Plänen in der Region Berlin-Potsdam. Seine Berliner Schaffenszeit endete abrupt mit der Emigration nach London im Jahr 1933.

Für das Geltower Sommerhaus des Berliner Bankiers Frank wählte Ernst Ludwig Freud die sachliche Formensprache der Bauhaus-Moderne. Der langgestreckte Ziegelbau setzt sich aus verschiedenen Kuben unterschiedlicher Höhen zusammen. Zur Seeseite ist der Baukörper in drei Terrassenstufen abgetreppt und durch zahlreiche Fenstertüren und einen sechsteilig verglasten Wintergarten geöffnet. Großzügige Terrassen, die einst mit Marmor- oder Sandsteinplatten belegt waren, vermitteln effektvoll zwischen Innen- und Außenraum.

Das von Freud entwickelte Raumprogramm entsprach ganz dem großbürgerlichen Lebens- und Wohnideal der 1920er Jahre. Neben den zur Seeseite gelegenen Repräsentationsräumen und Privatzimmern im Obergeschoss gab es einen separierten Bereich für Hauswirtschaft und Personal. Die ungewöhnliche Anzahl von Gästezimmern weist darauf hin, dass das Berliner Ehepaar Frank ihr luxuriöses

Ansicht von Süden, um 1930

Blick über die Terrassen auf den Schwielowsee, um 1930

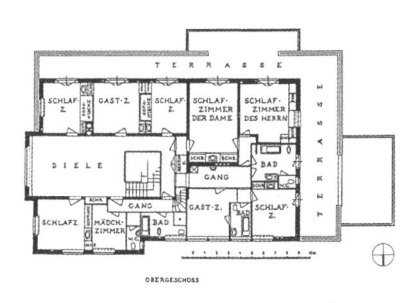

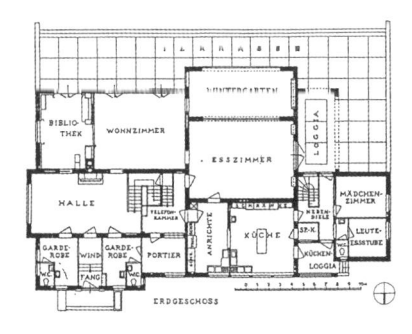

Grundrisse Erd- und Obergeschoss, um 1933

Landhaus häufig als Ort für private Einladungen nutzte.

Freuds „Sicherheit bei der Raum- und Massenbildung im Inneren und Äußeren" (D. Worbs) ist noch heute erlebbar. Allerdings ist die sachliche und funktionale Einrichtung des Hauses durch Fremdnutzung und Leerstand verloren gegangen, ebenso die technischen Finessen, wie etwa die versenkbare Glaswand zwischen Speisesaal und Wintergarten. Von der einst avantgardistischen Ausstattung kündet heute noch das konstruktivistische Treppengeländer. Erhalten sind zudem zwei glasierte Keramik-Reliefs beiderseits der Eingangstüre. **NR**

Das Haus erfuhr nach jahrelangem Leerstand zwischen 2000 und 2005 eine umfassende Sanierung. Dabei wurde die bräunlich-violette Klinkerfassade durch rötliches Ziegelmauerwerk ersetzt. Der Landhausgarten zeigt eine Neugestaltung in Anlehnung an den historischen Entwurf (Landschaftsplaner Bender aus Ferch). Eine Besichtigung ist aufgrund der privaten Nutzung des Objekts nicht möglich.

Haus von Rochow

**Caputh (Gemeinde Schwielowsee)
Geschwister-Scholl-Straße 29**

Bauzeit: 1929–1930

Architekt: Heinrich Laurenz Dietz

Bauherren: Annemarie von Rochow und Antonie Hübner

Am Nordhang des Krähenbergs, einige Meter von der Straße zurückversetzt und leicht unterhalb des Straßenniveaus, befindet sich ein exponiertes Beispiel des Neuen Bauens im Land Brandenburg. Es wurde als Wohnhaus für die Damen von Rochow und Hübner, die gemeinsam aus Potsdam hierher zogen, errichtet. Von dort brachten sie den Architekten für ihr Landhaus mit: Heinrich Laurenz Dietz. Er galt seinerzeit als einer der modernsten Baumeister der Stadt. Zwischen 1909 und 1920 hatte er im Atelier von Peter Behrens gearbeitet, bevor er ein eigenes Büro in Potsdam gründete. Bis 1933 sind 23 Bauprojekte von ihm nachweisbar. Manche davon sind in seiner eigenen Veröffentlichung in der Reihe „Neue Werkkunst" abgebildet.

Das hell verputzte Caputher Haus ist von einer sachlich-klaren Formensprache geprägt. Zur Gartenseite zeigt der Flachdachbau einen markanten halbrunden Abschluss. Hier ist das Obergeschoss soweit zurückgesetzt, dass ein umlaufender Balkon entsteht. Dieser wird von einem Dach überfangen, das der Ausdehnung des Souterrains entspricht.

Die U-Form des Baukörpers erinnert stark an Schiffsarchitektur, die Terrasse durch ihren Überstand an eine Kommandobrücke. Von ihr aus hatte man einst einen großartigen Seeblick: Das historische Foto zeigt die damals unverstellte Aussicht

Ansicht von Südwesten

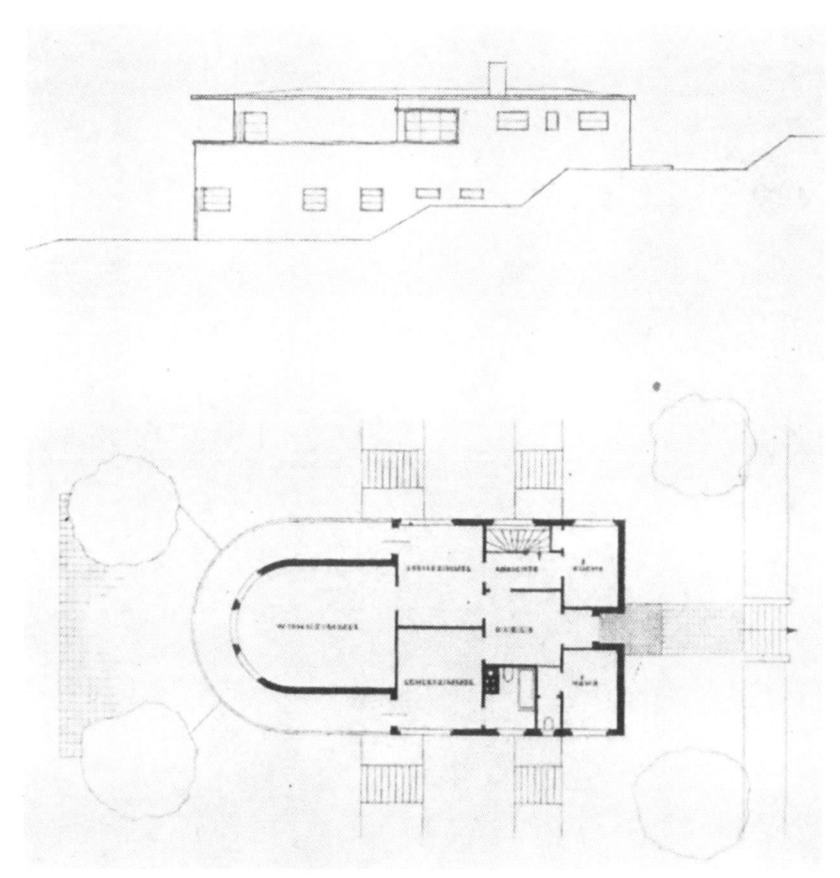

Grundriss und Fassadenzeichnung, 1929

auf den nordwestlich gelegenen Schwielowsee – für Caputh und Umgebung gewiss ein herausragendes Panorama.

Die hier verwendete Form des Halbrunds gehört zu den Lieblingsmotiven von Dietz. Oftmals findet sie auch bei seinen Potsdamer Bauprojekten Verwendung, etwa beim Wohnhaus Bley (Leipziger Straße 56a) oder beim Schützenhaus (Michendorfer Chaussee 8). Seine Architektur ist durch kubische Baukörper, symmetrisch gesetzte Fenster und Dachterrassen bestimmt. Die Häuser folgen im Äußeren konsequent den Stilmerkmalen des Neuen Bauens. Doch sind sie stets traditionell gemauert und verputzt, mit Holzfenstern und -türen ausgestattet. Auch die Grundrisse entsprechen klassischen Schemata. So besitzt auch das Haus von Rochow eine konventionelle Innengliederung, welche die Symmetrie des Außenbaus spiegelt.

NB

Das Haus wurde 2004 saniert. Eine Besichtigung ist aufgrund der privaten Nutzung des Objekts nicht möglich.

Blick auf den Schwielowsee, 1930

Einsteinhaus

Caputh (Gemeinde Schwielowsee)
Am Waldrand 15–17

Bauzeit: 1929

Architekt: Konrad Wachsmann (Ausführung: Christoph & Unmack A.G., Niesky)

Bauherr: Albert Einstein

zwischen 1929 und 1932 fast ganzjährig das ursprünglich als Sommerdomizil konzipierte Holzhaus. Sein „Häusle", sein „Paradies", war regelmäßiger Treffpunkt führender Wissenschaftler, Politiker und Künstler, mit denen er oftmals eng befreundet war. Zudem bot es einen idealen Ausgangspunkt für die von ihm so geliebten Segeltouren auf der Havel mit seinem Holzboot „Tümmler".

Das Privathaus knüpft eine enge Verbindung zum Leben Albert Einsteins, insbesondere seiner Lebenszeit in den späten Jahren der Weimarer Republik. Das Bauwerk ist zudem von besonderer architekturgeschichtlicher Bedeutung: Es handelt sich um ein industriell vorgefertigtes Holzhaus in Fachwerk-Ständer-Konstruktion, derart sie selten original erhalten sind.

Ansicht von Westen

Albert Einstein, heute Inbegriff eines Forschers und Genies, war spätestens seit der Verleihung des Nobelpreises für Physik im Jahr 1922 eine der berühmtesten Persönlichkeiten seiner Zeit. Gesellschaftliche Konventionen waren ihm zutiefst verhasst, er scheute die Öffentlichkeit.

Im Dorf Caputh am Schwielowsee fand er einen Rückzugsort, der ihm Ruhe, Abgeschiedenheit und eine optimale Arbeitsatmosphäre garantierte. Gemeinsam mit seiner Ehefrau Elsa bewohnte er

Einstein im Arbeitszimmer, um 1930

Ansicht von Südwesten

Produziert wurde es von der sächsischen Baufirma Christoph & Unmack, die den fertigen Bausatz vor Ort montierte.

Die Pläne zeichnete der junge, kaum ausgebildete und damals noch gänzlich unerfahrene Architekt Konrad Wachsmann. Durch Geschick und Überzeugungskraft konnte er das Ehepaar Einstein zur Auftragsvergabe bewegen. Allerdings musste Wachsmann, ein entschiedener Vertreter der Moderne, die eher konservativen Vorstellungen der Bauherren in seinen Entwürfen berücksichtigen und einarbeiten. Als Konzessionen an die Einsteins ist das gewalmte Dach mit Ziegeldeckung, der Blockhauscharakter durch die vortretenden Querbalken und die französischen Fenster anzusehen. Innovativ sind hingegen die Bautechnik, die Holzverschalung mit nordamerikanischer Douglasie, die weitläufige, große Dachterrasse oder die streng funktionale Innengestaltung. Wachsmann vereinte die mitunter konträren Ideen zu einer gelungenen Synthese. Auch heute zieht das Holzhaus am Waldrand aufgrund seiner außergewöhnlichen Erscheinung und dem stimmungsvollen Interieur seine Besucher in Bann. **NB**

Blick nach Caputh, 1929

Das Sommerhaus wurde zwischen 2001 und 2005 durch das Architekturbüro Kühn von Kaehne & Lange grundlegend saniert. Haupteigentümer des Hauses ist die Hebräische Universität in Jerusalem, die Verwaltung obliegt dem Einstein Forum Potsdam. Heute dient das Sommerhaus als Veranstaltungsort und Treffpunkt von Wissenschaftlern. Der Öffentlichkeit ist es von April bis Oktober an Samstagen und Sonntagen von 10–18 Uhr zugängig. Weitere Informationen unter: www.einsteinsommerhaus.de.

Haus Bahner

Kleinmachnow
Tucholskyhöhe 11

Bauzeit: 1933

Architekt: Walter Gropius

Bauherr: Johannes Bahner

Das Kleinmachnower Wohnhaus ist eines der wenigen Bauprojekte, die Walter Gropius zwischen 1928 und 1934, dem Ende seiner Direktorenzeit am Weimarer Bauhaus und seiner Emigration nach London, als freiberuflicher Architekt in Berlin akquirieren konnte. Die Bauausführung fiel bereits in die Zeit der Machtergreifung, wodurch das Haus einer der spätesten Architekturentwürfe des Neuen Bauens aus der Zeit der Weimarer Republik ist.

Auftraggeber war der vermögende Industrielle Johannes Bahner aus dem sächsischen Oberlungwitz. Er war Miteigentümer der ELBEO-Strumpffabrik, die sich durch die Erfindung des Werkstoffs Perlon (amerikanisch: Nylon) ab 1938 eine Monopolstellung auf dem europäischen Markt erobern konnte. Bahner war häufig beruflich in Berlin tätig. Das Kleinmachnower Haus ließ er für Josefine Grass, seine spätere Ehefrau, errichten.

Johannes Bahner war ein künstlerisch gebildeter und interessierter Mensch, der Gropius verehrte und dessen revolutionär-progressive Architektur der 1920er Jahre schätzte. Den Impuls, sich von dem bekannten Baumeister ein Haus bauen zu lassen, erhielt Bahner durch die Abbildung eines Gropius'schen Modellhauses in einer exklusiven Modezeitschrift.

Das Kleinmachnower Haus zeigt charakteristische Elemente der Bauhaus-Moderne: Der weiße Kubus ist durch breite Fensterbänder und Einzelöffnungen spannungsreich gegliedert. Den Hauszugang in der Gebäudeecke akzentuiert eine stützenlose Betontreppe sowie eine scharfkantige, weit vorragende Deckenplatte. Seitlich belichtet ein breites Band aus Glasbausteinen das Treppenhaus. Die Gartenseite ist einfach gestaffelt und

Gartenfassade um 1934

Ansicht von Norden

besitzt einen scheinbar schwebenden Balkon mit einem Stahlrohrgestell, an dem einst ein weißer Sichtschutzvorhang befestigt war. Gegenüber den frühen Einfamilienhaus-Entwürfen von Gropius wirkt das Kleinmachnower Projekt in seiner Formensprache deutlich gemäßigt.

Gropius' Bauatelier plante, zeichnete und realisierte auch die Außenanlagen und die gesamte Innenausstattung des Hauses. Im Keller wurde eine kleine Chauffeur-Wohnung neben der Automobil-Garage eingerichtet, die Zimmer der beiden Wohnetagen wurden bis ins kleinste Detail durchdacht. Wand- und Teppichfarbe, Beleuchtung, Einbauschränke, Möbel, eine Hundehütte und sogar der Standort des Gummibaums waren Bestandteil des Gesamtkonzepts. **NB**

Eine Besichtigung ist aufgrund der privaten Nutzung des Objekts nicht möglich.

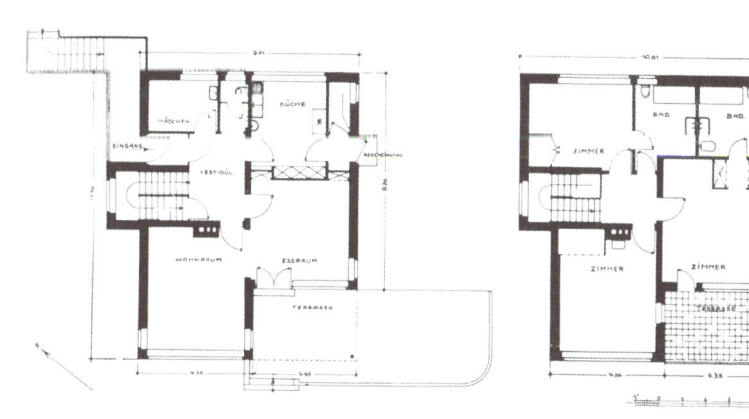

Grundrisse Erd- und Obergeschoss, 1933

Grabstätten auf dem Südwestkirchhof Stahnsdorf

Stahnsdorf
Bahnhofstraße 2

Erbbegräbnis Wissinger
(> Kapellenblock)
Bauzeit: 1920–1923

Architekt: Max Taut

Bauherren: Julius und Helene Wissinger

Im Südwesten Berlins entwickelte sich ab 1908 ein mustergültiges Friedhofsareal mit direktem S-Bahnanschluss (ab 1913). 160 Hektar Hochwald wurden gartenkünstlerisch gestaltet und eine Friedhofskapelle nach dem Vorbild einer norwegischen Stabkirche errichtet. Aufgrund seiner herausragenden Anlage avancierte der entlegene Zentralfriedhof Stahnsdorf sukzessive zu einer der beliebtesten Berliner Begräbnisstätten. Er bietet eine außergewöhnliche Vielfalt an Sepulkralplastik von 1850 bis in die Gegenwart. Hervorragend gestaltete Einzelmonumente aus der Zeit der Weimarer Republik sind:

Erbbegräbnis Wissinger (> Kapellenblock)
Die Grabstätte der Familie Wissinger ist eine Inkunabel expressionistischer Architektur und wohl eine der baukünstlerisch bedeutendsten Erbbegräbnisse auf deutschen Friedhöfen. Auftraggeber waren der Kaufmann Julius Wissinger und dessen Ehefrau Helene. Sie hatten am 7. April 1920 sowohl ihre kaum zwei Monate alte Tochter Ingrid als auch Julius' Vater Hermann Otto Julius Wissinger (geb. 1848) verloren. Aus diesem Anlass entstand inmitten der traditionell geprägten Friedhofsanlage eine außergewöhnlich markante Begräbnisstätte. Sie hat die Gemüter der Synode so sehr erhitzt, dass sie unmittelbar nach Fertigstellung beinahe abgerissen worden wäre.

Max Taut entwickelte ein ausgefeiltes, kristallines Raumgerüst, das sieben (ursprünglich sechs) einzelne Grablegen überspannt: Als Grundfläche dient eine gezackte Sockelplatte aus Lavatuff, aus der acht sehnig-skulpturale Betonstreben emporzuwachsen scheinen. Sie sind miteinander durch gratige Spitzbögen verbunden. Das Gebilde erinnert deutlich an gotische Rippengewölbe, dergestalt sie Max Taut im Kloster Chorin studiert hat. Allerdings sind die Kappen hier nicht zu Gewölben geschlossen, sondern bilden ein luftiges Hallenkonstrukt. Bei genauer Betrachtung meint man, in den Pfeilern mit ihren knospenartigen Verdickungen Köpfe mit Kapuzen und in den seitlichen

Erbbegräbniss Wissinger

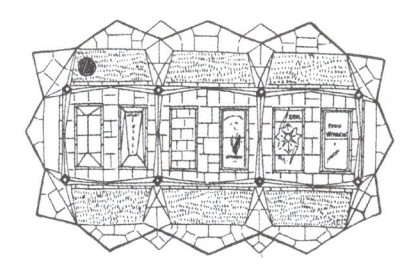

Grundriss Erbbegräbnis Wissinger, 1920

Streben ausgebreitete Arme zu erkennen.
Wichtiger Bestandteil der Grabstätte war ursprünglich eine künstlerisch gestaltete Grabplatte für Hermann Otto Julius Wissinger mit einer abstrakt-vieldeutigen Golem-Darstellung von Otto Freundlich. Kurz nach ihrer Aufstellung wurde sie auf Veranlassung der Synode „im Erdreich verscharrt". So unterblieb auch die von Max Taut vorgesehene farbige Gestaltung des Betongerüsts in Blau-Rot-Gold. Lediglich die Grabstele für die kleine Ingrid bezeugt heute die geplante Individualisierung der einzelnen Grabplatten. Sie ist aus schmalen Betonblöcken zusammengesetzt und besitzt einen bekrönenden Würfel. Vermutlich war Max Taut ihr Urheber.

Golem Darstellung, 1923

Erbbegräbnis Murnau/Plume (> Block Schöneberg)
Grabstätte des Filmpioniers und Regisseurs Friedrich Wilhelm Murnau. Tektonischer Aufbau mit einer Porträtbüste von Karl Ludwig Manzel, 1931.

Grabstätte Kuhnert (> Block Epiphanien)
Grabmal für den Landschafts- und Tiermaler Wilhelm Kuhnert. Findling mit einem Löwenrelief in Bronze von dessen Freund Georg Roch, nach einer Zeichnung Kuhnerts gefertigt, 1926.

Grabstätte Kuhnert

Grabstätte Zille (> Block Epiphanien)
Grabmal für den Maler, Grafiker und Fotograf Heinrich Zille. Findling mit Porträtrelief von dessen Freund August Kraus, 1929.

Erbbegräbnis Siemens (> Block Trinitatis)
Als weiter Hofraum angelegte Ruhestätte der Industriellenfamilie von Siemens von Franz Seeck, 1922. Hier befindet sich auch die damals umgebettete Grabstätte von Werner von Siemens mit einem Porträtmedaillon nach Adolf von Hildebrandt.

Erbbegräbnis Poensgen/Grau (> Block Charlottenburg)
Grabmal für den Regierungsrat Oskar Poensgen und den Generaldirektor Bernhard Grau. Vorne Stele mit Frauenporträt auf einer Bronzeplatte (einst vier derartige Stelen), dahinter die lebensgroße Statue eines Bergmanns aus Muschelkalkstein von August Kraus, 1921. **NB**

Der Kirchhof ist heute in Trägerschaft der Evangelischen Kirche Berlin-Brandenburg-schlesische Oberlausitz. Er ist von Oktober bis März von 8 Uhr bis 17 Uhr und von April bis September von 7 Uhr bis 20 Uhr geöffnet. Weitere Informationen siehe www.suedwestkirchhof.de.

Brandenburg an der Havel

Seit dem 19. Jahrhundert erlebte Brandenburg an der Havel einen rasanten wirtschaftlichen Aufschwung und entwickelte sich zur bedeutendsten Industriestadt in der Provinz. Der wichtigste Industriezweig war die Metallverarbeitung mit den Brennaborwerken, dem Stahl- und Walzwerk und dem Eisenbahnwerk Brandenburg-West in Kirchmöser. In der Weimarer Republik setzte eine umfangreiche Bautätigkeit ein, die von der sozialdemokratisch regierten Stadt in geregelte Bahnen gelenkt wurde. Maßgeblichen Einfluss hatten die beiden Stadtbauräte Moritz Wolf (1919–1927) und Karl Erbs (1928–1938).

Die größte Herausforderung war der Wohnungsbau, der durch Bauprogramme gezielt gesteuert wurde und zum Markenzeichen für die sozialdemokratische Stadtentwicklung Brandenburgs werden sollte. Ziel war die Errichtung von Kleinwohnungen mit erschwinglichen Mietpreisen. Die Stadt hatte eine Bauberatungsstelle, vergab Fördermittel und stellte Bauland bereit. Bauträger waren vor allem gemeinnützige Wohnungsbauunternehmen.

Die Stadterweiterung vollzog sich im Westen und Südwesten der Altstadt in räumlicher Nähe zu den Industriestandorten. Nicht verwirklicht wurde der von Moritz Wolf 1925 aufgestellte Generalsiedlungsplan mit einem um die Stadt gelegten Trabanten-System von bis zu 10.000 Wohneinheiten. Während in der Frühphase Siedlungen nach gartenstädtischem Vorbild errichtet wurden, folgten ab Mitte der 1920er Jahre mehrgeschossige Miethäuser mit großen Grünflächen. Karl Erbs und Werner Schenck lösten die traditionelle Bauweise von Wolf zugunsten einer funktionalen Architektur des Neuen Bauens ab. Auf die Weltwirtschaftskrise reagierte Erbs mit einem wegweisenden Modell für Erwerbslosensiedlungen am Stadtrand.

Neben dem Wohnungsbau waren der Ausbau der sozialen Infrastruktur und des Stadtgrüns Schwerpunkt der kommunalen Planung, wie zum Beispiel der Bau des parkartigen Hauptfriedhofs mit Krematorium, die Erweiterung des Krankenhauses oder die Anlage eines Sport- und Erholungszentrums am Grillendamm. Höhepunkt der städtischen Reformpolitik war das Wohlfahrtsforum am Zusammenfluss von Havel und Schleusenkanal. **UL**

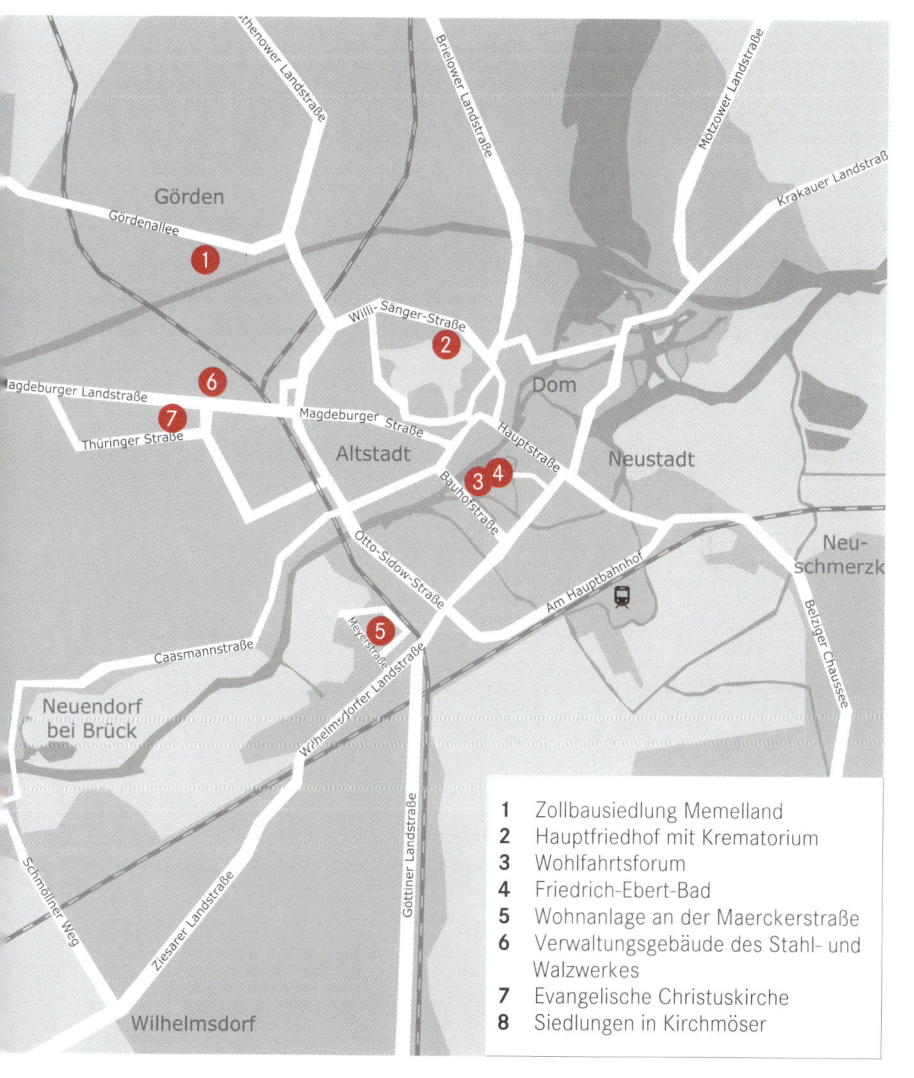

1 Zollbausiedlung Memelland
2 Hauptfriedhof mit Krematorium
3 Wohlfahrtsforum
4 Friedrich-Ebert-Bad
5 Wohnanlage an der Maerckerstraße
6 Verwaltungsgebäude des Stahl- und Walzwerkes
7 Evangelische Christuskirche
8 Siedlungen in Kirchmöser

Zollbausiedlung Memelland

Rotdornweg 1–20

Lageplan Brandenburg an der Havel: Nr. 1

Bauzeit: 1923–1925

Architekt: Moritz Wolf

Bauherr: Stadtgemeinde Brandenburg an der Havel

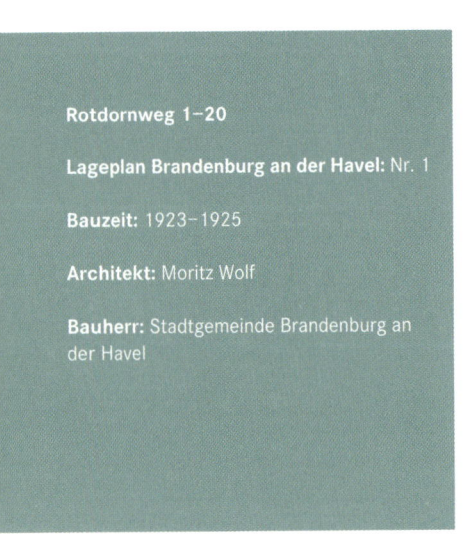

Als eine der ersten größeren Siedlungen nach dem 1. Weltkrieg entstand im damaligen Vorort Görden die Zollbausiedlung „Memelland". Sie wurde von Stadtbaurat Moritz Wolf im Rahmen des Wohnungsbauprogramms errichtet. Ihren Namen verdankt sie der besonderen Bautechnik, die hier zum Einsatz kam, der sogenannten Zollbauweise. Der Merseburger Stadtbaurat Fritz Zollinger hatte 1910 ein Konstruktionsverfahren entwickelt, wonach Schlackenbeton stockwerksweise zwischen Holzschalungen eingeschüttet wurde, die bis zu 30-fach verwendet werden konnten. Nach zeitgenössischen Aussagen konnte jeder innerhalb kürzester Zeit die notwendigen Kenntnisse erlangen, die zur Herstellung der Wände aus Schüttbeton und damit zur Ausführung eines einfachen Wohnhausbaus erforderlich waren. Analog dazu entwickelte Zollinger eine Dachkonstruktion aus vorgefertigten Holzlamellen, die zu den gebogenen Dachformen führte. Die Ersparnisse in Herstellung, Transport und Montage betrugen bis zu 40% gegenüber herkömmlichen Dachstühlen.

Von den geplanten Häusern wurde nur die Zeile am Rotdornweg ausgeführt. Wolf greift mit dem geschwungenen Straßenverlauf, Vor- und Rücksprüngen und kleinen Platzanlagen das Ideal des malerischen Städtebaus auf, wie er von Camillo Sitte propagiert worden war. Erker und Risalite mit unterschiedlichen Dachformen bestimmen das Straßenbild. Die Häuser enthielten Kleinstwohnungen mit zwei Zimmern und Küche, die Toiletten waren auf der Gartenseite angebaut. Hier wurde

Häuser am Rotdornweg

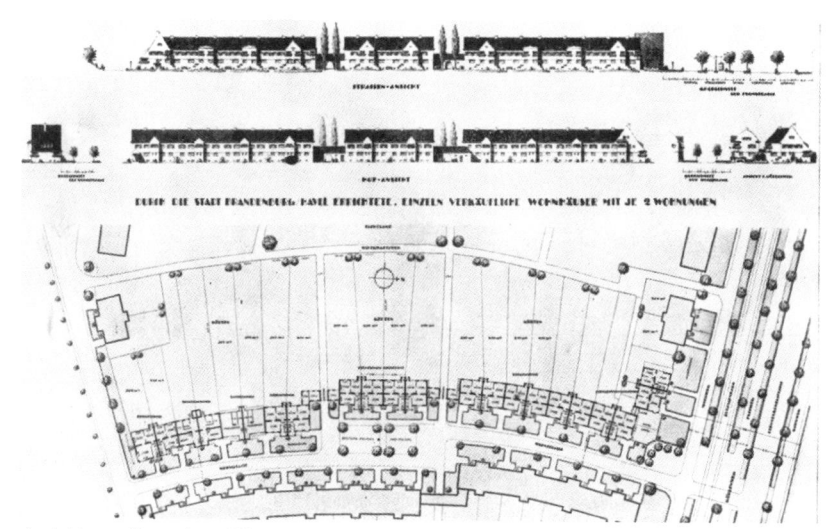

Ansichten und Lageplan, 1924

das System der neuen zentralen Abwasserverwertung erfolgreich eingesetzt, das heißt, die rückwärtigen Kleingärten wurden als Rieselfelder genutzt. Die Zollbausiedlung „Memelland" ist ein prägnantes Beispiel für die Erwerbslosenfürsorge und Selbsthilfe im Städtebau während und kurz nach der Inflation und bildete einen wichtigen Ausgangspunkt für die spätere Bebauung südlich des Walzwerkes. Mit ihrem Formenreichtum und der innovativen Baukonstruktion gehört sie zu den Besonderheiten im Land Brandenburg. **UL**

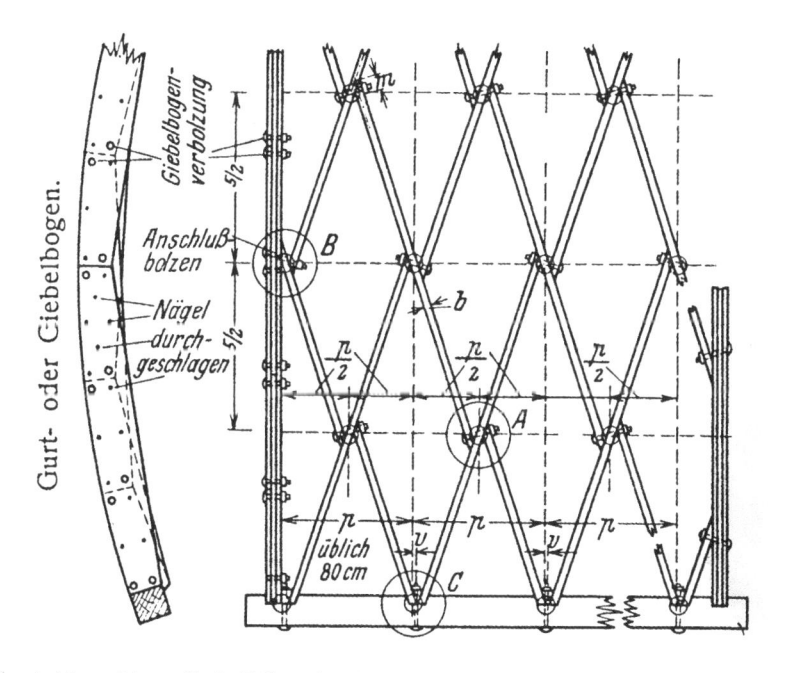

Konstruktionszeichnung für das Zollinger-Lamellendach

Hauptfriedhof mit Krematorium

Willi-Sänger-Straße 17

Lageplan Brandenburg an der Havel: Nr. 2

Bauzeit: 1925–1926, Friedhofsanlage 1928

Architekten: Moritz Wolf und Fritz Kerll; gärtnerische Anlagen nach Entwurf von Gartendirektor Keiser

Bauherr: Stadtgemeinde Brandenburg an der Havel

Für den Bau des Krematoriums hatte sich seit 1921 der Verein für Feuerbestattung eingesetzt. Feuerbestattungen waren in Preußen erst seit 1911 zugelassen. In der Folge gewann die Feuerbestattung große Bedeutung, u. a. weil sie in Arbeiterkreisen zunehmend populär wurde und für die Kommunen einen Weg der Rationalisierung bot. Das Brandenburger Krematorium war das erste realisierte im heutigen Bundesland.

Wie vielerorts war auch hier das Gebäude durch den sakralen Hintergrund bestimmt. Die gesamte Gebäudegruppe mit dem Arkadenhof erinnert an eine klösterliche Anlage, die Feierhalle mit dem Staffelgiebel und der stilisierten Fensterrose an eine mittelalterliche Kirche. Die Funktionen sind getrennt in den Bereich

Krematorium, um 1930

Die Anlegung eines neuen Hauptfriedhofs mit einem Krematorium gehörte zu den größeren Bauleistungen der Stadt während der Weimarer Republik. Der von Stadtbaurat Wolf geplante Friedhof sollte zugleich eine Erholungsstätte mit parkartiger Ausgestaltung werden. Das weitläufige Gelände am Marienberg bot hierfür die besten Voraussetzungen. Gartendirektor Keiser gestaltete die Anlage mit einem terrassenförmigen Aufbau und schuf im Wechsel von verschiedenen Gehölzgruppen, Grabfeldern und platzartigen Aufweitungen mit dem kurz zuvor errichteten Krematorium eine malerische Anlage.

der Verwaltung, der Aufnahmestation mit Obduktionsraum und Leichenzellen sowie der Aussegnungshalle mit darunter liegender Einäscherungsanlage. Wie bei den meisten Krematorien wird der Sarg nach den Feierlichkeiten versenkt. Die Aussegnungshalle im Obergeschoss wurde nach dem Vorbild spätgotischer Zellengewölbe wie in der Brandenburger St.-Petri-Kapelle eingewölbt. Die Mittelsäule verbirgt den Schornstein, der mitten durch den Raum führt. Die expressionistische Innenausstattung des Krematoriums von Bildhauer Albert Caasmann ist erhalten und lohnt eine Besichtigung. **UL**

Haupttreppenhaus

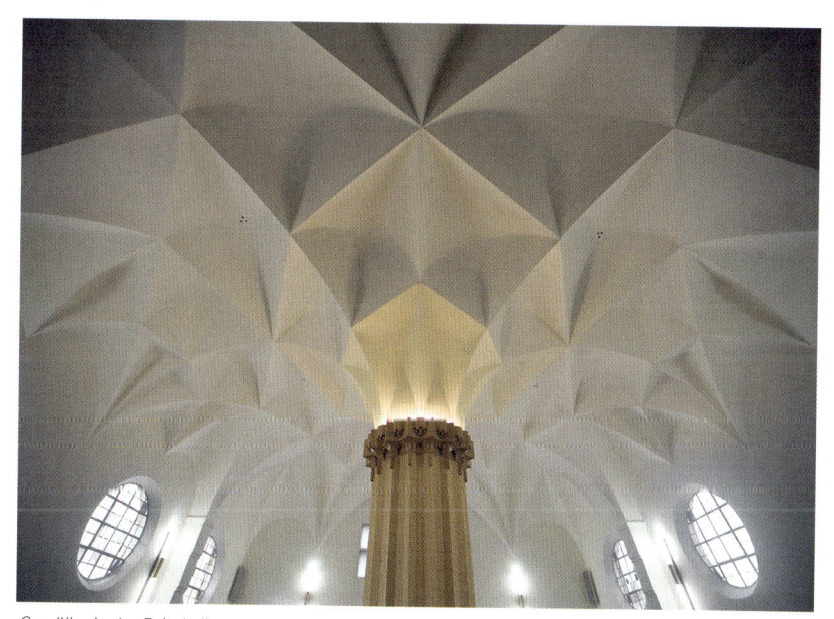

Gewölbe in der Feierhalle

Das Krematorium ist mit der qualitätvollen, größtenteils originalen Ausstattung erhalten. Modernisiert wurde die Verbrennungsanlage. Das Gebäude kann nach Voranmeldung bei der Friedhofsverwaltung besichtigt werden.

Wohlfahrtsforum

Kanalstraße 8/9

Lageplan Brandenburg an der Havel: Nr. 3

Bauzeit: 1928–1930

Architekten: Karl Erbs unter Mitarbeit von Paul Hammer und Lars Hakansson (Gesamtentwurf, Friedrich-Ebert-Bad und Turnhalle), Willi Ludewig (AOK-Gebäude)

Bauherr: Stadt Brandenburg an der Havel

Das Wohlfahrtsforum zählt zu den herausragenden Bauten der Moderne im Land Brandenburg und ist ein bedeutendes architektonisches Zeugnis für die Reformpolitik der Stadt in der Weimarer Republik. Die Besonderheit des damals wichtigsten städtischen Bauvorhabens liegt in der Bündelung unterschiedlicher Funktionen in einem größeren Baukomplex: die Gesamtanlage umfasst eine Schwimmhalle, eine Turnhalle und die Allgemeine Ortskrankenkasse mit Verwaltungsgebäude, Behandlungsbau und Saaltrakt. Geplant war zudem eine Volksschule mit Sportplatz, deren Ausführung aber aus Geldmangel nicht zustande kam. In dieser Gesamtheit sollte das Forum den Mensch und dessen Wohl in den Mittelpunkt stellen – ganz im Sinne der Sozialreformen der Weimarer Republik. Als die Stadt 1929 die Jahrtausendfeier beging, betonte sie dieses Engagement bewusst mit der feierlichen Grundsteinlegung des Schwimmbades, das den Namen des ersten sozialdemokratischen Reichspräsidenten Friedrich Ebert erhielt.

Die Krankenkasse gilt als Hauptwerk des Architekten Willi Ludewig. Hinter dem dreigliedrigen, in sachlich-modernen Formen gebauten Stahlskelettbau barg sich ein funktionales Raumkonzept. Die Warte- und Behandlungsräume waren in den oberen, hellen und aussichtsreicheren Stockwerken untergebracht, um die Psyche der Patienten positiv zu beeinflussen. Büros befanden sich in dem elegant geschwungenen Mitteltrakt; dort gab es auch eine Terrasse für Liegekuren.

An den Kopfbau der AOK schließen sich entlang der Havel die Turnhalle und das Schwimmbad an. Obwohl die einzelnen Gebäude des Wohlfahrtsforums von unterschiedlichen Architekten entworfen wurden, sind sie gut aufeinander abgestimmt; im Einzelnen trägt jedes seine eigene Handschrift. Auch wenn das Wohlfahrtsforum nicht vollständig ausgeführt werden konnte, hat sich damit die Stadt Brandenburg an der Havel ein deutliches Wahrzeichen gesetzt.

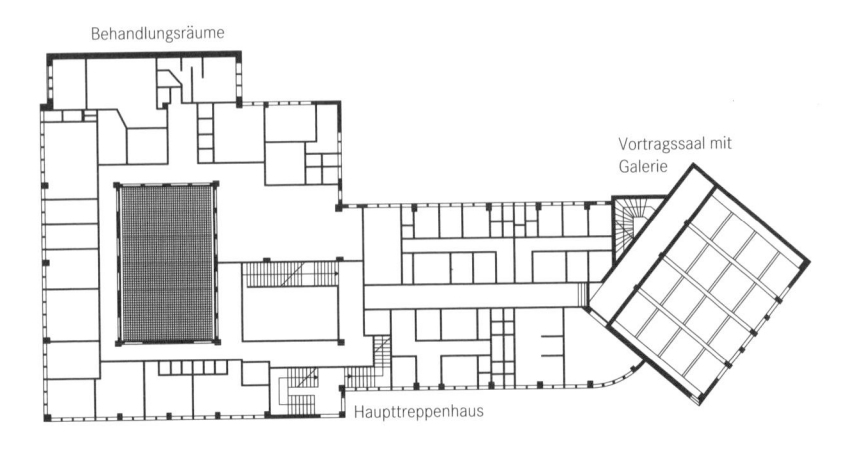

UL

Grundriss der AOK

Modell der Gesamtanlage. Die Volksschule im Hintergrund wurde nicht ausgeführt.

AOK-Gebäude von Süden

Treppenhaus im AOK-Gebäude

Das Wohlfahrtsforum wurde 1991 umfassend saniert und im Inneren stark verändert. Noch heute wird es durch die AOK genutzt und ist im Rahmen der allgemeinen Öffnungszeiten zugänglich.

Friedrich-Ebert-Bad

Alfred-Messel-Platz 1

Lageplan Brandenburg an der Havel: Nr. 4

Bauzeit: 1929–1930

Architekten: Karl Erbs, Paul Hammer und Lars Hakansson

Bauherr: Stadt Brandenburg an der Havel

Das Friedrich-Ebert-Bad wurde als Teil des Wohlfahrtsforums am Havelufer errichtet. Die Stadt hatte damals äußerst großzügig und weitsichtig geplant. Im Gegensatz zu den Hallenbädern des ausgehenden 19. Jahrhunderts, die außer einer Schwimmhalle meist nur Wannenbäder besaßen, war das Brandenburger Stadtbad mit seinen umfangreichen Einrichtungen zur medizinisch-therapeutischen Behandlung eine Art „Wellness-Center" der Moderne. Außer der geräumigen Schwimmhalle enthielt es Brause- und Wannenbäder, eine medizinische Abteilung mit Massagebetrieb, römische Bäder mit Schwitzraum und Tauchbecken, ein Lichtbad und Ruheräume. Es gab einen großen Balkon für Sonnenbäder im Freien, einen Erfrischungsraum und einen Frisörsalon.

Eingangsfassade am Havellufer

Bis Ende der 1920er Jahre gab es in Brandenburg an der Havel kein Schwimmbad. Die Bürger der Stadt konnten nur in den Sommermonaten an der Havel und an den Seen baden. Da viele Arbeiterwohnungen keine eigenen Bäder hatten, war die Einrichtung eines städtischen Brause- und Wannenbades im Interesse der Volkshygiene dringend notwendig.

Nachtaufnahme, um 1930

Schwimmhalle, um 1930

Besonders beeindruckend ist die große, lichtdurchflutete Schwimmhalle, die zu beiden Längsseiten mit hohen Fensterbändern versehen ist. Rundum angebrachte gelbe Fliesen sollten bei trübem Wetter die Stimmung aufhellen und Sonnenlicht suggerieren. Die Forderung moderner Planer und Architekten nach Licht, Luft und Sonne wurde nicht nur in der Halle eindrücklich verwirklicht: die gesamte Anlage wurde mit einem zentralen Lichthof, Lichtschächten und Glasbaustein-Oberlichtern durchgestaltet, um möglichst viel natürliche Belichtung zu erhalten. Auf der Südseite hinter der Schwimmhalle befand sich die Sonnenterrasse.

Licht galt als Symbol des modernen Lebens. Daher war es auch architektonisches Gestaltungsmittel am Außenbau: Die an den Gesimsen angebrachte Beleuchtung konnte das Bad bei Dunkelheit in eine ausdrucksstarke Lichtarchitektur verwandeln. Die hohe Qualität in der Ausführung und die Funktionalität der Anlage, die sich im Äußeren in schlichten, sachlichen Formen ausdrückt, macht diesen Bau aus den 1920er Jahren zu einem Denkmal besonderen Ranges. **UL**

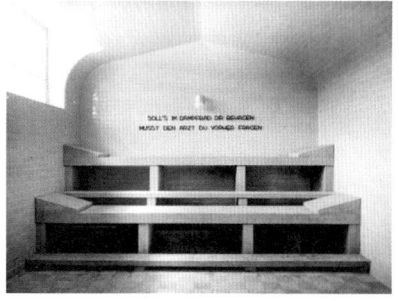

Dampfbad

Der städtische Badebetrieb wurde im Jahr 2000 eingestellt. Die Originalausstattung ist zu großen Teilen noch erhalten. Für die zukünftige Nutzung ist noch kein tragfähiges Konzept gefunden worden.

Wohnanlage an der Maerckerstraße

Baebenrothufer, Maerckerstraße, Meyerstraße, Reimerstraße

Lageplan Brandenburg an der Havel: Nr. 5

Bauzeit: 1929–1930

Architekten: Karl Erbs unter Mitarbeit von Ludwig Schlegel (städtebaulicher Teil) und Werner Schenck (wohnungsbautechnischer Teil)

Bauherren: Bau- und Sparverein Brandenburg und Märkischer Wohnungsbau GmbH, Berlin

des Plangebiets waren zwei vorhandene, dreigeschossige Wohnhäuser zu berücksichtigen. Sie wurden durch Aufstockung in das Gesamtbild der viergeschossigen Blöcke eingefügt.

Der reichlich bemessene Abstand der Baufluchten (28 bzw. 24,5 Meter) gewährleistete eine günstige Belichtung und Besonnung aller Wohnungen. In den Straßen wurden die befestigten Flächen auf das Mindestmaß beschränkt, so dass noch Platz für Rasenvorgärten blieb. Zur Wilhelmsdorfer Landstraße hin waren eine öffentliche Grünanlage und eine Schule (nicht realisiert) mit der dazugehörigen Freifläche vorgesehen.

Die abgerundeten Eckbauten und die leicht geschwungene Führung der zwei Nord-Süd-Wohnstraßen, die in einem

Blick in die Reimerstraße, um 1930

Die Wohnanlage entstand im Rahmen eines neuen Wohnungsbauprogramms, das Ende der 1920er Jahre unter Stadtbaurat Karl Erbs zur Bekämpfung der großen Wohnungsnot aufgestellt wurde. Sie erstreckt sich über Baebenrothufer, Maercker-, Meyer- und Reimerstraße. Der Bebauungsplan, der allerdings nicht vollständig verwirklicht werden konnte, sah viergeschossige, teils geschlossene, teils offene Großblöcke mit begrünten Höfen vor. In der nordöstlichen Ecke

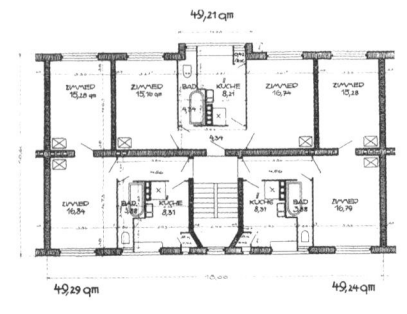

Wohnungsgrundriss

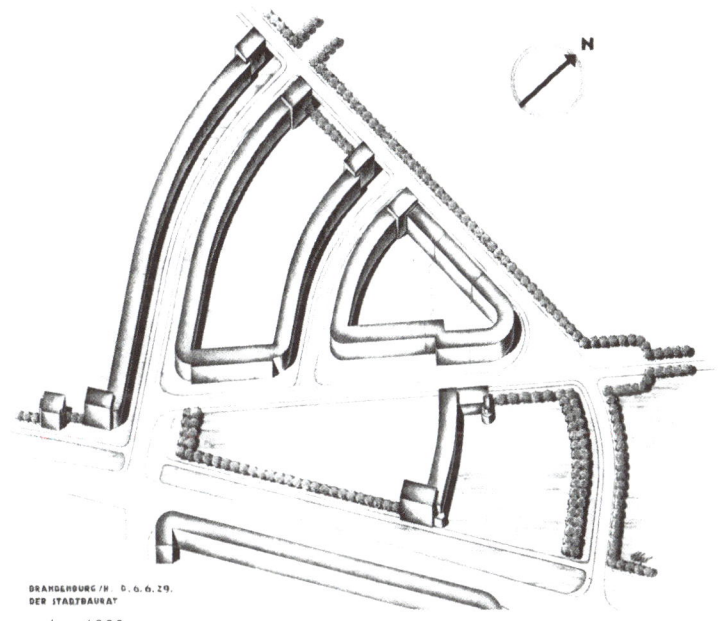

Bebauungsplan, 1929

Grünstreifen am Büttelhandfassgraben enden, verleihen der Wohnanlage ihre besondere Eleganz. Trotz der gebotenen Sparsamkeit fanden die Architekten auch im Detail interessante Lösungen, zum Beispiel bei der Gestaltung der Hauseingänge. Deren zum Teil zurückschwingende Klinkereinfassungen heben sich von den ansonsten glatt verputzten Fassaden ab.

Die Wohnanlage zählt zu den herausragenden Beispielen der Neuen Sachlichkeit, die mit dem Stadtbaurat Karl Erbs in Brandenburg Einzug hielt. Sie kündet von dem sozialen und künstlerischen Anspruch, mit dem die Stadt zur Zeit der Weimarer Republik die Lösung der Wohnungsfrage vorantrieb. **CS**

Ecke Maercker-/Reimerstraße

Verwaltungsgebäude des Stahl- und Walzwerkes

Magdeburger Landstraße 7

Lageplan Brandenburg an der Havel: Nr. 6

Bauzeit: 1925–1926

Architekt: Wilhelm Rave

Bauherr: Deutsch-Luxemburgische Bergwerks- und Hütten AG

Mit der Eröffnung des Silokanals im Jahr 1910 gewann das Gebiet westlich des Stadtzentrums an Bedeutung. Die erste Industrieanlage, die von diesem Standortvorteil profitierte, war das Stahl- und Walzwerk, das der Kaufmann Rudolf Weber 1912 gründete. 1914 ging es in Produktion und verarbeitete 1916 bereits 25.000 Tonnen, 1923 über 96.000 Tonnen Rohstahl. Die Errichtung des Werkes beeinflusste bis Ende der 1930er Jahre maßgeblich die Stadtentwicklung südlich der Magdeburger Landstraße.

1917 wurde das Werk an die Deutsch-Luxemburgische Bergwerks- und Hütten AG verkauft. Es erhielt ein neues, der wirtschaftlichen Bedeutung des Unternehmens angemessenes Verwaltungsgebäude. Der Monumentalbau wurde in repräsentativer Form zur Magdeburger Landstraße hin ausgerichtet und bildet mit den beiden Nebengebäuden eine herrschaftliche Dreiflügelanlage. Die Fassaden wurden mit hart gebranntem Oldenburger Klinker verkleidet, den die Architekten in den 1920er Jahren wegen seiner Widerstandsfähigkeit und seiner schillernden Farbigkeit schätzten und gern als expressionistisches Gestaltungselement einsetzten. Expressionistische „spitzwinklige Kunststücke" lehnte Wilhelm Rave allerdings ab. Im Übrigen nimmt sein Entwurf auch eher eine strenge, klassizistische Gesamthaltung mit einem sparsamen, leicht abstrahierten Dekor ein.

Für die Verwaltung des Werkes wurden mehrere Büros und ein Sitzungssaal benötigt, der repräsentativ ausgestattet

Hauptfassade, um 1927

Foyer und Treppenhaus

wurde: Stuckdecken mit abstrakt-geometrischen Motiven, Wandverkleidungen aus verschiedenen Hölzern und gemalte Supraporten mit Darstellungen aus dem Werk. Das Stahlwerk wurde 1993 stillgelegt, heute beherbergt es das Industriemuseum. Das gesamte Ensemble mit dem zugehörigen Verwaltungsgebäude zeugt noch heute von dem einstigen Anspruch und der Blüte der Stahlproduktion in der Weimarer Republik. **UL**

Das ehemalige Verwaltungsgebäude ist nicht zugänglich.
Sehenswert ist außerdem das Stahl- und Walzwerk: Industriemuseum, August-Sonntag-Straße 5, 14770 Brandenburg an der Havel, www.industriemuseum-brandenburg.de.

Stukkaturen im Foyer

59

Evangelische Christuskirche

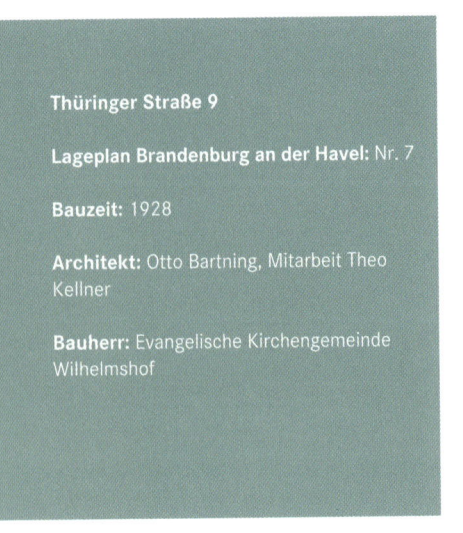

Thüringer Straße 9

Lageplan Brandenburg an der Havel: Nr. 7

Bauzeit: 1928

Architekt: Otto Bartning, Mitarbeit Theo Kellner

Bauherr: Evangelische Kirchengemeinde Wilhelmshof

Ansicht von Südwesten

Die Christuskirche wurde als Siedlungskirche für die Arbeiter der ehemaligen Walzwerksiedlung Wilhelmshof errichtet, wo es außer einer Schankstube und einem Kaufladen keinen Treffpunkt gab. Otto Bartning, der schon damals zu den bedeutendsten deutschen Kirchenbaumeistern zählte, fertigte die Pläne dazu an. Dass er für eine bescheidene Siedlungskirche beauftragt wurde, ist dem Engagement des damaligen Pfarrers Oskar Goehling und dem Herausgeber der Zeitschrift „Kunst und Kirche" Curt Horn zu verdanken. Bartning legte 1925 einen ersten Entwurf für ein Gebäudeensemble mit Kirche und Wohnungen für Flüchtlinge vor. Drei Jahre später entwickelte er für die finanzschwache Gemeinde den zur Ausführung gelangten Plan, ein Ensemble aus Kirche, Kindergarten, Hausmeisterwohnung und einem Raum für die Gemeindeschwester.

Die Herstellung der architektonischen und räumlichen Einheit von Kirche und Gemeinderaum war zentrales Thema bei Bartning. Die Christuskirche erhielt einen Saal mit 100 Sitzplätzen, dem ein Raum für die Gemeindearbeit der Frauen vorgelagert war. Interessant und für die Entwurfsplanung Bartnings charakteris-

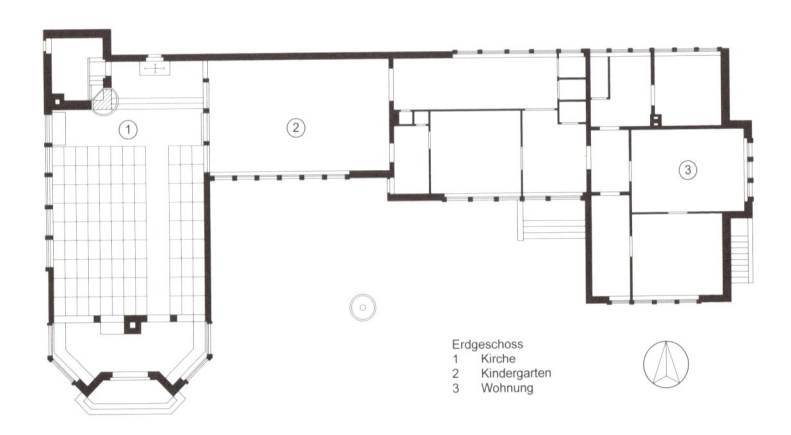

Erdgeschoss
1 Kirche
2 Kindergarten
3 Wohnung

Grundriss

tisch ist die multifunktionale Anordnung. Mit Schiebetüren und -fenstern ließ sich je nach Bedarf der Kirchenraum mit dem Vorraum und außerdem mit dem seitlich angebauten Kindergarten verbinden oder trennen. Auch der Altar war demontierbar, so dass die Kirche außerhalb des Gottesdienstes als Versammlungssaal genutzt werden konnte. Aus der erweiterten Nutzung heraus – der Integration des querflügelartigen Kindergartens – erklärt sich übrigens auch die Asymmetrie von Altar- und Kanzelstellung im Inneren. Bartning rückte dabei den Turm als Kanzelträger in den Saal, was zu einem eleganten und spannungsreichen Raumeindruck führte.

Die Christuskirche in Brandenburg an der Havel ist Bartnings erster Kirchenbau, in dem er Funktionalität und Sachlichkeit so konsequent umsetzte. Vermutlich hat ihn das geringe Budget der Kirchengemeinde zu diesem Experiment bewogen. Der Brandenburger Anzeiger bezeichnete die Kirche damals als „Wagnis moderner Architektonik". **UL**

Die Christuskirche ist nur zu den Gottesdienstzeiten geöffnet. Informationen und Anfragen unter: www.evang-kirche-brb.de. In Frankfurt (Oder) befindet sich mit dem Musikheim ein weiterer herausragender Bau von Otto Bartning im Land Brandenburg.

Gesamtanlage von Nordwesten, um 1930

Der Innenraum

Siedlungen in Kirchmöser

**Uferstraße (Ostsiedlung),
Wusterwitzer Straße (Westsiedlung)**

Lageplan Brandenburg an der Havel: Nr. 8

Bauzeit: 1922–1928

Architekten: Hugo Röttcher und Regierungsbaurat Teschemacher

Bauherr: Deutsche Reichsbahn

Die Westsiedlung schließt sich an die Wohnhäuser an, die ab 1915 für Mitarbeiter der Pulverfabrik in der Nähe des Wendsees errichtet wurden. Ein Marktplatz bildet das Zentrum des kleinstädtisch anmutenden Idylls. 2.330 Menschen lebten 1928 in den 527 Wohnungen der Siedlung.

Die Ostsiedlung besticht nicht zuletzt durch ihre einzigartige landschaftliche Lage zwischen dem Heiligen, dem Möserschen und dem Plauer See. In seinem Bebauungsplan, der jedoch teilweise unausgeführt blieb, ging Regierungsbaurat Teschemacher sensibel auf die Topographie ein. Mit teils geraden, teils geschwungenen Häuserzeilen gestaltete er die Siedlungsränder gegenüber den Uferzonen. Unterschiedlich geformte Plätze,

Ostsiedlung, Platz an der Uferstraße

Bereits im Ersten Weltkrieg entwickelte sich die damals noch selbständige Gemeinde Kirchmöser zum Industriestandort mit Pulverfabrik und Feuerwerkslaboratorium. 1920 übernahm die Deutsche Reichsbahn das Gelände. Sie richtete dort eine Lokomotiv- und Wagenreparatur-Werkstatt sowie eine chemische Versuchsanstalt ein. 1921 erhielt der Betrieb den Namen „Eisenbahnwerk Brandenburg-West". Für die vielen zuziehenden Arbeitskräfte entstanden zwei Werksiedlungen, zuerst 1922–1925 die Westsiedlung, dann 1924–1928 die Ostsiedlung.

Straßenerweiterungen, Blickpunkte und farbige Fassaden prägen ein Stadtbild, das immer wieder neue, häufig überraschende Eindrücke bietet. Eine Häuser-

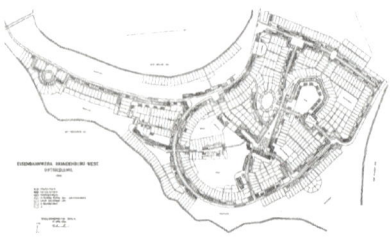

Bebauungsplan für die Ostsiedlung, 1925

Westsiedlung, Marktplatz

gruppe in Hufeisenform akzentuiert die Hangkante eines Hügels. Mehrfamilienhäuser umschließen einen Platz mit Geschäften, der – ähnlich dem Marktplatz der Westsiedlung – an das Zentrum einer Landstadt erinnert. Ansonsten bestimmen Einfamiliendoppel- und -reihenhäuser das Bild. 1.582 Menschen lebten 1928 in den 387 Wohnungen der Ostsiedlung.

Die Siedlungen in Kirchmöser stehen exemplarisch – vergleichbar der Gartensiedlung Paulinenhof in Frankfurt (Oder) – für die Verbindung von traditioneller Architektur und malerischem Städtebau mit zeitgemäßen Wohnbedingungen. Mit ihrer aufgelockerten, niedrigen, ländlich wirkenden Bebauung bilden sie ein Gegenmodell zu den „Mietskasernen" der großen Städte. **CS**

Ostsiedlung, Häuser an der Uferstraße

Siedlung am Friedrich-Ebert-Ring

**Rathenow
Friedrich-Ebert-Ring**

Bauzeit: 1929–1931

Architekt: Otto Haesler

Bauherr: Rathenower Bauverein GmbH

Weit über die Grenzen Brandenburgs hinaus bekannt ist Otto Haeslers Siedlung in Rathenow, wohl weil sie die Moderne von allen Wohnanlagen der Provinz am kompromisslosesten zeigt. Otto Haesler war einer der führenden Architekten des Neuen Bauens. Er konkurrierte mit Walter Gropius und anderen großen Namen. Doch weil seine Karriere mit Beginn des Nationalsozialismus ein abruptes Ende fand und auch nach dem Zweiten Weltkrieg in der DDR nicht wieder aufblühte, verschwand Haesler in der Architekturgeschichtsschreibung hinter seinen bekannten Zeitgenossen, die vielfach im Ausland ihre Karriere fortsetzten.

Als Otto Haesler den Auftrag für eine Siedlung in der Optik- und Feinmechanik-Stadt Rathenow erhielt, hatte er bereits in Celle mehrere Siedlungen errichtet. Es gab schon damals Kontroversen innerhalb der Stadt wegen der rationellen Bauweise seiner Wohnanlagen. Also fuhr eine Delegation aus Rathenow nach Celle um sich dort ein Bild von der neuen Architektur und der Wohnungsqualität zu machen. Der Aufsichtsratsvorsitzende des Rathenower Bauvereins und sozialdemokratische Stadtrat Szillat setzte sich schließlich zugunsten von Haeslers Entwurf durch.

Otto Haesler vertrat den reinen Zeilenbau, der in Nord-Süd-Richtung ausgerichtet ist. Die Zeilenbauweise geriet wegen ihres Hanges zur Monotonie und dogmatischen Strenge oft in die Kritik. Trotz der Strenge des Rastersystems wirkt die Bebauung hier aufgelockert und offen, begünstigt durch die zur geschwungenen Straßenführung versetzten Zeilenanordnung und die Einbeziehung des alten Föhrenbestandes.

Die Blöcke wurden mit Ein-, Zwei- und Dreizimmerwohnungen zu 34, 60 und 74 Quadratmeter konzipiert. In den großen Wohnungen wurden die Wohnzimmer

Wohnzeile mit Heizhaus und Waschgebäude, um 1929

nach Süden, die Schlafzimmer und die Wohnküche nach Osten ausgerichtet. Alle Wohnungen hatten Bad und WC, die breit gelagerten Fenster sorgten für viel Licht, Loggien und Erker weiteten die Räume und belebten die Außenfassaden. Charakteristisch sind die transparenten, voll verglasten Treppenhauserker, die Haesler auch bei anderen Siedlungen einsetzte. Leider sind Fenster und weitere Details der Siedlung nicht mehr im Original erhalten.

Hervorzuheben sind zentrale Beheizung und Warmwasserversorgung in Verbindung mit einer zentralen maschinellen Waschanlage. Als Synonym der Moderne wurde das Heizkraftwerk mit dem markanten Schornstein auf den zeitgenössischen Fotografien in Szene gesetzt, wie überhaupt diese und andere Siedlungen Haeslers von bedeutenden Fotografen der Neuen Sachlichkeit wie Arthur Köster oder Albert Renger-Patsch festgehalten wurden. „Die Stadt von morgen" lobte der Architekturkritiker Adolf Behne – sonst ein entschiedener Gegner der Zeilenbauweise – die Siedlung in Rathenow. **UL**

Zu empfehlen ist ein Abstecher nach Celle zu weiteren Bauten von Otto Haesler und ein Besuch im Haesler-Museum (www.haeslerstiftung.de).

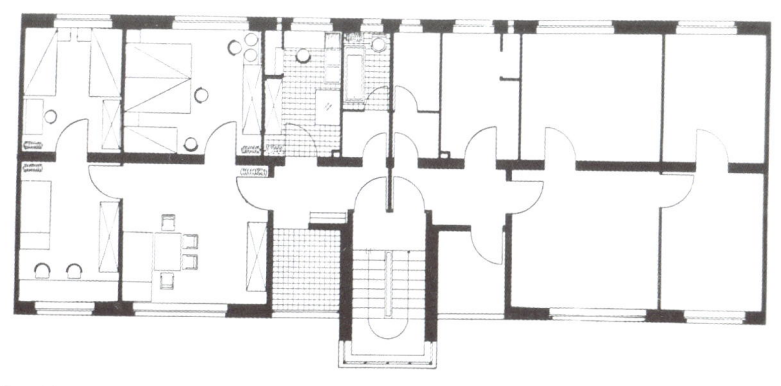

Grundriss

Wohnzeile, Westseite

Großfunkstation

Nauen
Dechtower Damm 1 (an der Weinberg-Waldsiedlung)

Bauzeit: 1916–1920 (Ergänzungsbauten bis 1931)

Architekt: Hermann Muthesius

Bauherr: Gesellschaft für drahtlose Telegraphie m.b.H. (Telefunken)

Auf den Wiesen nördlich von Nauen erhebt sich, umgeben von ausladenden Sendemasten, das Hauptgebäude der Großfunkstation. Neben der günstigen Pacht war es die Leitfähigkeit des feuchten Bodens, die den Standort für einen Sender attraktiv machte.

Schon bald nach ihrer Erfindung hatte die drahtlose Telegraphie begonnen, ein Faktor im Welthandel zu werden. 1906 nahm hier in einem Fachwerkhaus ein Versuchssender die Arbeit auf. Nach drei Jahren begann der reguläre Betrieb, schon bald bis in die USA. 1911 wurde ein Erweiterungsbau in Backstein errichtet. Muthesius integrierte ihn als Südosttrakt in das neue Haupthaus und gab ihm eine angeglichene Fassade. Während der Bauarbeiten wurde weitergefunkt, war doch

Das Hauptgebäude von Südosten

Das Hauptgebäude von Südwesten

Der Festsaal im Hauptgebäude

gerade im Krieg die Verbindung zur Flotte und zu den Kolonien wichtig. Erst am 29. September 1920, schon in der neuen Republik, konnte Reichspräsident Friedrich Ebert die Großfunkstation einweihen.

Der Architekt, der sich bei seinem mehrjährigen Englandaufenthalt auch mit der Funktechnik befasst hatte, entwarf einen kubischen Bau mit einer strengen Fassade aus halbgesinterten Oldenburger Klinkern. Nach seiner Aussage war er ganz vom Zweck bestimmt und sollte dabei einen „großen, beherrschenden Eindruck" vermitteln. Assoziationen zur Kathedral-, Bahnhofs- und Theaterarchitektur waren unerwünscht, doch liegen sie angesichts der zwei sich durchdringenden Hallen mit „Vierungs"-Turm und vertikaler Betonung der Fensterachsen nahe.

Der Sendesaal im Hauptgebäude

Über einer niedrigen Eingangshalle liegt ein Festsaal mit Tonnendecke, der schon damals für Vorträge genutzt wurde. Im Sendesaal konnten von Emporen aus die auf eigenen Fundamenten gelagerten Hochfrequenzmaschinen, die Spulen sowie die breite, schwebend wirkende Marmorwand der Schalttafel bestaunt werden.

Der Saal ist heute leer, doch wird in Nauen noch gesendet. **AB**

Das weiträumig umzäunte Ensemble kann am Tag des Offenen Denkmals besichtigt werden. Eine kleine Ausstellung im Hauptgebäude informiert über Geschichte und Technik der Großfunkstation. Auskünfte erteilt die Stadtverwaltung Nauen.

Rentengut-Siedlung

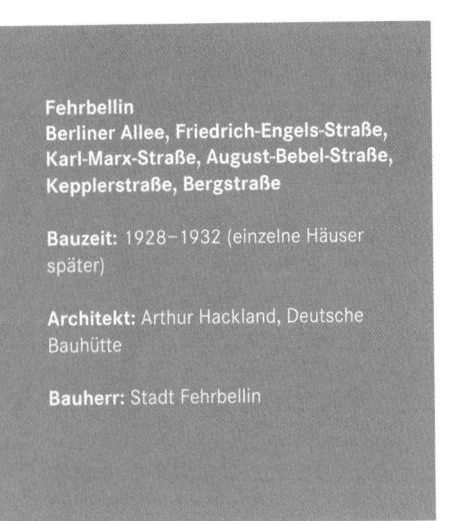

Fehrbellin
Berliner Allee, Friedrich-Engels-Straße, Karl-Marx-Straße, August-Bebel-Straße, Kepplerstraße, Bergstraße

Bauzeit: 1928–1932 (einzelne Häuser später)

Architekt: Arthur Hackland, Deutsche Bauhütte

Bauherr: Stadt Fehrbellin

Die Siedlung erstreckt sich beiderseits der Berliner Allee. Im Auftrag der Stadt und unterstützt vom Preußischen Kulturamt plante die Havelländische Siedlungs-Gesellschaft 70 Siedlerstellen auf einer ehemaligen Domäne. Die Parzellengröße lag zwischen 0,5 und 1,3 Hektar. Entwurf und Bau der Häuser übernahm die Deutsche Bauhütte.

Für eine Existenzgründung in der Landwirtschaft wurde, besonders in Berlin, mit der Aussicht auf eine „friedvolle, ruhige und naturgemäße Lebensweise" geworben. Über die Selbstversorgung hinaus sollten die Siedler zur nationalen Autarkie in der Lebensmittelerzeugung beitragen. Sie erhielten neben Saatgut fachliche Beratung; jeder hatte einen Walnussbaum zu pflanzen. Für den Ankauf der Produkte wurde eine Zentralstelle eingerichtet. Obwohl speziell einkommensschwache Schichten angesprochen wurden, musste eine Anzahlung aufgebracht werden – für einen halben Hektar inkl. Haus 1.800 RM, dazu eine auf 69 Jahre hin zu zahlende Monatsrente von 43,20 RM.

Angeboten wurden mindestens fünf Haustypen zwischen zweieinhalb und fünf Zimmern, wobei zwischen Flach- und Steildachvarianten gewählt werden konnte. Überwiegend kamen die kubischen Versionen mit Terrasse im Obergeschoss zur Ausführung. Die Entwürfe legten eine Doppelhausbebauung nahe, doch wurde etwa ein Drittel davon als Einzelhäuser ausgeführt. Alle besaßen einen hinteren Trakt, der Stall, Heuboden und die als Bad dienende Waschküche aufnahm. Charakteristisch für den Dreieinhalbzimmer-Typ war die Eckbetonung durch das vertikale Treppenhaus-Fensterband. In zentraler Lage der Siedlung entstand das Café Al-

Neue Siedlung Fehrbellin (Osthavelland)

Postkarte, etwa 1930

Café Alfred Marnholz an der Berliner Allee

fred Marnholz mit breit befenstertem Vorbau. Mit dem Bau eines Bastfaserwerks um 1935 erfolgte in der Bruno-H.-Bürgel-Straße die Verdichtung mit gedrungen wirkenden Steildachhäusern.

Trotz starker Überformung vermitteln die auch „Jerusalem-Häuser" genannten Bauten heute noch einen Eindruck von der Ausstrahlung der Moderne bis in den ländlichen Raum. **AB**

Lageplan

Haus vom Dreienhalbzimmer-Typ mit teilweise überbauter Terrasse

Gruppenhäuser der AEG-Siedlung

**Hennigsdorf
Paul-Jordan-Straße**

Bauzeit: 1918–1919

Architekt: Peter Behrens

Bauherr: Hennigsdorfer Siedlungsgesellschaft m.b.H.

mäanderförmigen Anordnung der Häuser, die eine Senkung der Erschließungskosten erlaubte. Die Straßenlängen wurden verkürzt, die Blocktiefe vergrößert. Peter Behrens, seit 1907 künstlerischer Beirat der AEG und mit der Bebauung der Arbeitersiedlung in Hennigsdorf betraut, setzte in der Paul-Jordan-Straße dieses Prinzip um.

Die Abfolge besteht aus zweigeschossigen Vierfamilienhäusern und zurückversetzten Doppelhäusern in U-förmiger Anordnung. Dadurch entstehen tiefe Vorhöfe, von wo aus je sechs Einfamilienwohnungen erschlossen werden. Der Hof ist über einen Heckengang mit der Straße verbunden. Daneben liegen die Nutzgärten der vorderen Häuser; die der zurückliegenden Häuser befinden sich auf

Ansicht von Osten

Als Reaktion auf die drastisch angestiegene Wohnungsnot nach dem Ersten Weltkrieg veröffentlichte Peter Behrens mit Heinrich de Fries 1918 die Broschüre „Vom sparsamen Bauen". Die Schrift war ein wichtiger Beitrag zur Industrialisierung der Bauwirtschaft. Durch Rationalisierung sollten die Herstellungskosten gesenkt werden. Eine Lösung sah Behrens im Konzept der Gruppenbauweise. Die Besonderheit der aus dem Reihenhaussystem entwickelten Bauweise bestand in einer der Rückseite. Es entstand so eine stark gegliederte, rhythmische Abfolge in der Bebauung.

Gruppenhäuser, um 1919

Bau der Gruppenhäuser

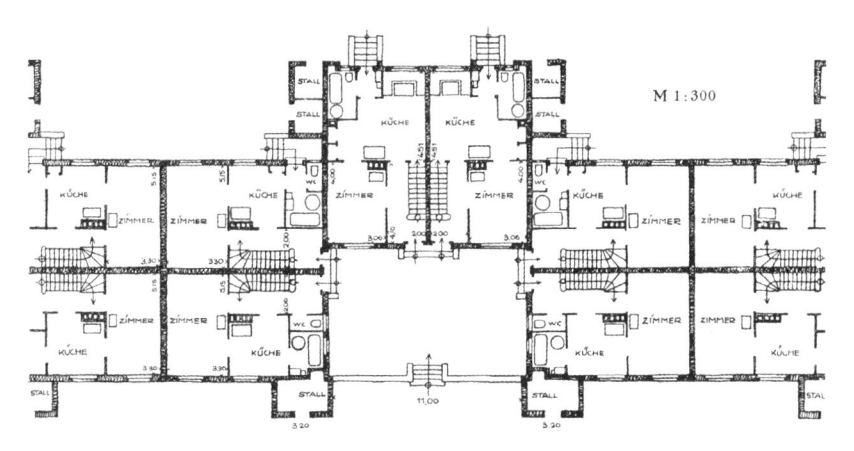

Grundriss des Erdgeschosses

Das sparsame Bauen wird vor allem durch das verwendete Material offenkundig. Die Ausführung der Häuser erfolgte mit Schlackenbetonsteinen – einem Abfallprodukt der Industrie – in der „Bauweise Becher". Behrens beabsichtigte, die Steine unverputzt zu belassen, „um das Material in seinem Format und seiner grauen Farbe wirken zu lassen, zu der, wie erhofft wird, die bunten Holzteile einen willkommenen Kontrast bilden werden." (Behrens, Die Gruppenbauweise, S. 124). Leider erhielten die Häuser nach einer Sanierung einen grauen Anstrich, der die Materialfarbe nachempfindet. Wie sie einst aussahen, lässt sich noch an den kleinen vorgelagerten Ställen erkennen.

Die Häuserreihe in der Paul-Jordan-Straße blieb ein einzigartiger Versuch, die Gruppenbauweise umzusetzen. 1920 übernahm Jean Krämer den weiteren Ausbau der Siedlung, die von da an mehr den Landhauscharakter erhielt. Auch die Häuser auf der gegenüberliegenden Straßenseite in der Paul-Jordan-Straße wurden nicht mehr konsequent nach den Grundsätzen von Behrens errichtet. **UL**

Bundesschule des ADGB

Bernau
Fritz-Heckert-Straße 1

Bauzeit: 1928–1930

Architekten: Hannes Meyer und Hans Wittwer mit Studenten des Bauhauses Dessau

Bauherr: Allgemeiner Deutscher Gewerkschaftsbund (ADGB)

Die nördlich von Bernau gelegene Bundesschule des ADGB ging aus einem beschränkten Wettbewerb hervor. Im Frühjahr 1928 hatten daran sechs Architekten teilgenommen, die wir heute zur Spitze der Avantgarde zählen: Max Taut, Erich Mendelsohn, Hannes Meyer, Max Berg, Willi Ludewig und Aloys Klement. Hannes Meyer erhielt den Auftrag, kurze Zeit später trat er als neuer Direktor des Bauhauses die Nachfolge von Walter Gropius an. Zusammen mit Hans Wittwer, seinem ehemaligen Büropartner in Basel, setzte er das architektonische Konzept unter der Beteiligung von Bauhaus-Schülern um.

Die Schule sollte der gewerkschaftlichen Bildung und Fortbildung dienen. Sie wurde als Internat für 120 Kursteilnehmer konzipiert, die in zwei- bis vierwöchigen Kursen die notwendigen Fachkenntnisse für die Gewerkschaftsarbeit erhielten. Zwei Faktoren waren neben der Bildung im wesentlichen bestimmend: die Förderung der Gemeinschaft und der Einklang des Gebäudes und seiner Nutzung mit der Natur.

Fenster am Treppenaufgang des Schulflügels

Die Gesamtanlage erstreckt sich am Hang entlang, eingebettet in die natürliche Landschaftsformation. Im Kopfbau liegen die Gemeinschaftsräume, Aula und Speisesaal, gefolgt von den gestaffelt angeordneten Wohnhäusern und dem abschließenden quergelagerten Trakt mit Seminarräumen, Bibliothek und Turnhalle. Ein gläserner Verbindungsgang erschließt

Schulflügel von Nordosten

Blick auf die Wohnhäuser mit Glasgang und den Schulflügel

die Wohnhäuser und verbindet sie mit dem Gemeinschafts- und Schulungsbereich.

Für Hannes Meyer war der Schulbau „ein Werk der Organisation". Er entwickelte das bauliche Programm aus einer „funktionalen Notwendigkeit" heraus und setzte es nach einem strengen Ordnungsprinzip um, mit dem er das Ideal der Gemeinschaft aus Individuum, Kameradschaft und Kollektiv visualisierte. Die Schüler wurden in kleine Gruppen zu je zehn Personen eingeteilt. Je zwei Personen teilten sich ein Zimmer, je fünf Zimmer teilten sich das Bad und den Flur. Drei Zehnergruppen teilten sich ein Haus. Auf diese Weise waren 120 Schüler auf vier Häuser aufgegliedert. Die Zehnergruppen sollten beim Studium, beim Sport und beim Spiel eine Gruppe bilden.

Hannes Meyer verstand die Schule als Lebensschule. „Dieser Bau ist ein Bau des Lebens und nicht der Kunst," betonte er in der Eröffnungsrede. Nur für kurze Zeit war die Reformschule mit ihrem ganzheitlichen Konzept in Betrieb. 1933 wurde sie von den Nationalsozialisten okkupiert und aufgelöst. Ihr Einfluss auf den modernen Schul- und Hochschulbau ist aber nicht hoch genug einzuschätzen (z.B. Hochschule für Gestaltung in Ulm). **UL**

Die Bundesschule des ADGB wurde inzwischen behutsam renoviert. Nach der Übernahme durch die Handwerkskammer Berlin wird das Schulgebäude (sog. Meyer-Wittwer-Bau) heute wieder als Bildungsstätte genutzt (Internat für Lehrlinge und Auszubildende). Foyer und Restaurant sind öffentlich zugänglich. Eine Besichtigung der Schule kann über den Verein „baudenkmal bundesschule bernau e.V.", der sich seit vielen Jahren für die Erhaltung des Ensembles engagiert, erfragt werden: www.baudenkmal-bundesschule-bernau.de.

Axonometrie der Gesamtanlage, 1928

Kupferhäuser

Eberswalde-Finow
Altenhofer Straße 2 und 42–48

Bauzeit: 1931–1932

Ingenieure/Architekten: Frigyes Förster und Robert Krafft; Walter Gropius

Bauherr: Hirsch Kupfer- und Messingwerke AG

Architekten Robert Krafft 1930 zum Patent angemeldet hatte, bestand aus selbsttragenden Holzrahmen, die außen mit Kupferblech und innen mit geprägtem Stahlblech verkleidet wurden. Dazwischen befand sich eine mehrschichtige Luftkammerdämmung. Kupfer ist feuer- und korrosionsresistent und zeichnet sich gegenüber Stahl durch das wesentlich geringere Gewicht aus. Die patentierten Universalsendungen gewährleisteten eine einfache Montage, so dass die Häuser innerhalb von einer Woche schlüsselfertig übergeben werden konnten.

Die Häuser in der heutigen Altenhofer Straße unweit des ehemaligen Messingwerkes waren die Musterhäuser des Unternehmens. Robert Krafft entwarf neun unterschiedliche Typen, die im Verkaufs-

Mustertyp K in der Altenhofer Straße 2

Das Finowtal bei Eberswalde ist eng verbunden mit der Messingproduktion. Die dort ansässige, ursprünglich aus Halberstadt stammende Hirsch Kupfer- und Messingwerke AG, eines der größten deutschen Unternehmen für die Produktion von Buntmetall, begann inmitten der Wirtschaftskrise mit Experimenten in der Kupferhausproduktion.

Das sogenannte „box frame system", das der Ingenieur Frigyes Förster erfunden und nach Verbesserungen mit dem

katalog mit glücksversprechenden Namen angepriesen wurden: Kupfercastell (Nr. 48), Lebensquell (Nr. 47), Frühlingstraum (Nr. 46), Juwel (Nr. 45), Sonnenschein (Nr. 44), Kupfermärchen (Nr. 43) und Maienmorgen (Nr. 42). Sie suggerierten der besser verdienenden Bevölkerungsschicht den Traum vom Eigenheim, Gemütlichkeit und Behaglichkeit inklusive. Die Grundrisse waren konventionell, die äußere Erscheinung auch. Präge- und Farbmuster standen in allerlei Variationen zur Auswahl, um das

Blech in den Zimmern zu verschönern.

1931 erhielt die Firma für das Experiment den Grand Prix auf der Kolonialausstellung in Paris sowie positive Publikumsresonanz auf der Berliner Bauausstellung. Im gleichen Jahr übernahm Walter Gropius die Leitung der Kupferhausabteilung bei der Hirsch AG. Er entwickelte vier neue Produktlinien, von denen Mustertyp K 1932 in der Messingwerksiedlung errichtet wurde (Nr. 2). Auf der wichtigen Berliner Ausstellung „Sonne, Luft und Haus für alle!" stellte Gropius zwei Typen als „wachsende Häuser" vor.

Trotz der anfänglich hohen Nachfrage brach durch die anhaltende Wirtschaftskrise 1932 das Geschäft der Hausproduktion ein. Die noch erhaltenen Häuser in Finow erinnern trotz manch starker Eingriffe an die frühen Experimente in der Fertigbau-Technologie, die nach 1945 zu einer Erfolgsgeschichte werden sollte. **UL**

Die Kupferhäuser in Eberswalde-Finow sind bewohnt. Im Wasserturm ist eine kleine sehenswerte Ausstellung zur Geschichte des Messingwerkes eingerichtet (Öffnungszeiten siehe www.wasserturm-finow.de).

Montage eines Kupferhauses auf der Ausstellung in Berlin, 1932

Verkaufskatalog von 1931

Farben- und Reliefmuster aus dem Katalog

Schiffshebewerk

Niederfinow
Hebewerkstraße 1

Bauzeit: 1927–1934

Architekten: Kurt Plarre und andere, Neubauamt Eberswalde

Bauherr: Reichswasserstraßen-Verwaltung

Eine mächtige Stahlapparatur beherrscht den Hang des Barnims zum Oderbruch, das Schiffshebewerk des Oder-Havel-Kanals. Hebewerke gibt es seit dem 18. Jahrhundert. Sie arbeiten, besonders bei größeren Höhendistanzen, schneller als Schleusen, doch vor allem sparen sie Wasser. Als der Großschifffahrtsweg Berlin-Stettin am 17. Juni 1914 eröffnet wurde, lagen nach zwei Wettbewerben Pläne für ein Hebewerk vor – als Ergänzung für eine vierstufige Schleusentreppe, deren Reste heute noch zu sehen sind. Der Krieg und seine Folgen verzögerten den Bau. Erst 1926 wurde ein neuer Entwurf für einen Aufzug, mit einem Höhenunterschied von 36 Metern der größte Europas, zur Ausführung vorgesehen. Unberücksichtigt blieb ein 1928 veranstalteter Wettbewerb zur Baugestalt, unter anderem zwischen Heinrich Straumer, Wilhelm Kreis und Hans Poelzig; letzterer hatte eine straffe Vertikalisierung des komplizierten Stahlfachwerks vorgeschlagen.

Die Konstruktion ist 60 Meter hoch, 94 Meter lang und 27 Meter breit und steht auf einer vier Meter dicken Betonplatte. Der Trog, in den das Schiff einfährt, wiegt wegen der Wasserverdrängung stets 4290 Tonnen. Er hängt an 256 Stahlseilen von 52 Millimetern Stärke mit 192

Vogelschau

Das Schiffshebewerk von Südwesten

Blick über den Trog des Hebewerks

Gegengewichten aus Beton. Die während des Transportvorgangs wandernde Last der Stahlseile wird durch vier Ausgleichsketten abgefangen. Bewegt wird der Trog von vier Elektromotoren über Zahnstangen, wobei eine Ringwelle für den synchronen Lauf sorgt und Drehriegel den Trog bei Störungen abstoppen. Die gesamte Passage dauert, mit An- bzw. Abfahrt über die Trogbrücke, 20 Minuten; davon entfallen nur fünf Minuten auf den Hebevorgang.

2009 wurde nördlich davon der Grundstein für den Neubau eines zweiten Hebewerks gelegt, das für größere Schiffe geeignet ist. Allerdings bleibt das älteste in Deutschland noch arbeitende Hebewerk vorerst in Betrieb und damit ein populäres, landschaftlich prägendes Technikdenkmal gesichert. **AB**

Das Schiffshebewerk kann zu den Öffnungszeiten besichtigt werden. In einem Informationszentrum werden Ausstellungen zu Geschichte und Technik sowie zum Bau des neuen Hebewerkes präsentiert. Weitere Informationen unter: www.schiffshebewerk-niederfinow.info und www.wsr.de/service/besucherziele/shw_niederfinow/index.html.

Rathaus

**Neuenhagen bei Berlin
Am Rathaus 1**

Bauzeit: 1925–1926

Architekt: Wilhelm Wagner

Bauherren: Gemeinde Neuenhagen, Kreis und Kreiswasserwerk Niederbarnim

und ein Wasserspeicher. Einigen Mut verlangte nicht nur das ehrgeizige Bauvorhaben selbst, sondern auch die Vorstellung, unter einem Tank von einer Million Litern Fassungsvermögen zu sitzen.

Die Berliner Randgemeinde Neuenhagen sah sich damals, nicht zuletzt durch den Rennsport im benachbarten Hoppegarten, im Wachsen begriffen. Waren der Standort des Baus auf dem Windmühlenberg und seine Höhe von fast 42 Metern der Funktion als Wasserturm geschuldet, konnte so auch die Schaffung eines dominanten Wahrzeichens legitimiert werden. In der Tradition städtischer Mittelturm-Rathäuser wie des Berliner Roten Rathauses stehend und beeinflusst von der zeitgenössischen Diskussion um die „Stadtkrone", näherte sich das ausge-

Die Fassade über dem Haupteingang

„Nicht stets gewann, wer kühn gewagt, doch stets verlor, wer feig verzagt" – unter dieses Motto stellte Gemeindevorsteher Max Thormann die Grundsteinlegung zu einem Gebäude, das aus Kostengründen sehr unterschiedliche Funktionen in seinem monumentalen Korpus vereinen sollte. Übereinandergeschichtet entstanden Räume der Gemeindeverwaltung mit Sparkasse und Polizeistation, Wohnungen führte Projekt dem Erscheinungsbild der ersten deutschen Hochhäuser an. Verworfen wurde die Idee, dem Eisenbeton-Skelettbau mit einem spitzen Fachwerkgiebel eine ländliche Note zu geben.

Die Fassade aus changierenden Sommerfelder Klinkern ist geprägt von der Spannung aus expressivem, „gotisch" verstandenen Höhenstreben und einer horizontalen, den jeweiligen Raumfunkti-

Ansicht von Südosten

Detail des Fassadenschmucks

onen angemessenen Betonung der Fenster. Den zahnschnittartig akzentuierten Strukturelementen außen entspricht die geometrisch aufgefasste Ausmalung des Ratssaals mit seinen Bleiglasfenstern.

Als Wasserturm außer Betrieb, wurde der Bau mit Liebe zum Detail weitgehend saniert; für die Wiederherstellung der letzten Fenster werden, wie schon 1926, private Sponsoren gesucht. **AB**

Der Ratssaal und die Turm-Terrasse, die einen weiten Ausblick bis Berlin bietet, können nach Anmeldung besucht werden.

Der restaurierte Ratssaal

Frankfurt (Oder)

Frankfurt definierte sich nach dem Ersten Weltkrieg als „Hauptstadt der mittleren Ostmark". Weniger als 100 Kilometer von der neuen Westgrenze Polens entfernt, übernahm die Stadt Aufgaben, die bisher Posen (Poznań) und Bromberg (Bydgoszcz) für ihr Umland erfüllt hatten. Investitionen in die Infrastruktur förderten die aufstrebende Entwicklung, zum Beispiel durch die Erweiterung des Hafens, die Erschließung von Industriegelände, die Gründung einer Pädagogischen Akademie und die Errichtung des einzigartigen Musikheims.

Bürgerliche Parteien und die SPD regierten die Stadt. Die Leitung der Bauverwaltung lag ab 1923 in den Händen des Stadtbaurats Hugo Althoff (1884–1960). Obwohl er bereits 1926 nach Breslau wechselte, prägte er durch seine Pläne und Projekte „das neue Frankfurt an der Oder". Sein Nachfolger Otto Morgenschweis (1869–1947) trieb den Ausbau der Stadt weiter voran. Zu einem der wichtigsten Mitarbeiter beider Stadtbauräte zählte der Architekt und Stadtbaumeister Josef Gesing (1886–1963).

Einen wichtigen Impuls gab die Verlegung der Reichsbahndirektion Osten von Berlin nach Frankfurt. Stadt und Reichsbahn gründeten die Siedlungsgesellschaft Ostmark GmbH, die unter Leitung des Architekten Martin Kießling (1879–1944) Lücken im Stadtbild schloss und neue Wohngebiete entwickelte. Weitere Baugesellschaften und -genossenschaften engagierten sich für die Linderung der Wohnungsnot. Mit seiner weitsichtigen, bereits vor dem Ersten Weltkrieg eingeleiteten Bodenvorratspolitik erwarb der Magistrat die für die Stadtentwicklung wesentlichen Flächen. Frankfurt (Oder) galt deutschlandweit als Modell der städtischen Bodenreform. Zwischen 1919 und 1933 stieg die Einwohnerzahl von 65.055 auf 75.831. **CS**

1 Häusergruppe am Anger
2 Gartensiedlung Paulinenhof
3 Hindenburgschule
 (heute Erich Kästner Grundschule)
4 Musikheim
5 Pädagogische Akademie
 (heute Carl-Friedrich-Gauß-Gymnasium)
6 Friedhofshalle mit Krematorium

Häusergruppe am Anger

Gertraudenplatz 1–5

Lageplan Frankfurt (Oder): Nr. 1

Bauzeit: 1923–1924

Architekt: Martin Kießling

Bauherr: Siedlungsgesellschaft Ostmark GmbH

Ihre elegantesten Bauten errichtete die Siedlungsgesellschaft Ostmark GmbH in der Gubener Vorstadt. Mehrere Häuser im Stil des Barock und des Klassizismus erinnern bis heute daran, dass sich dort seit dem 18. Jahrhundert Frankfurts erstes Villenviertel entwickelte. Der exponierte Standort der von Martin Kießling geplanten Wohnanlage auf dem Anger sucht in Frankfurt (Oder) seinesgleichen. Durch sie erhielt der lang gestreckte Freiraum im Norden einen neuen Blickpunkt.

Die St. Gertraudkirche, ein neugotischer Backsteinbau, erschien Kießling nicht als angemessener Abschluss für die Parkanlage, die ungefähr zur selben Zeit nach einem Entwurf von Wilhelm Hirsch und Friedrich Wert entstand. Bewusst ließ er den dunklen Sakralbau in den Hinter-

Ansicht vom Anger

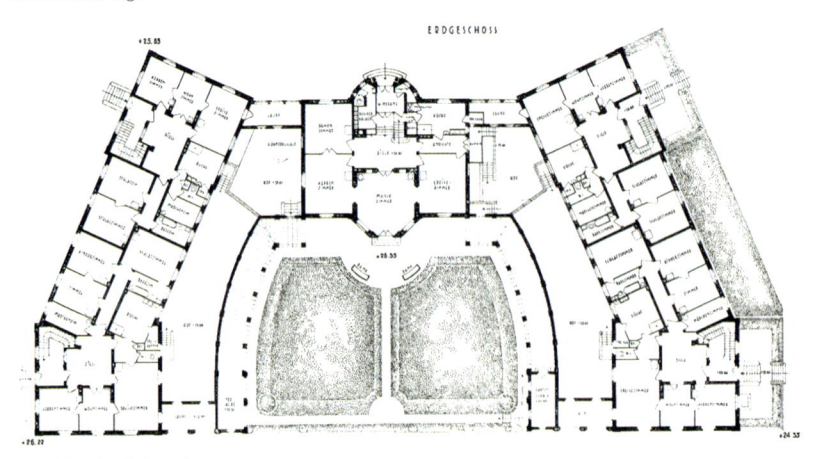

Grundriss des Erdgeschosses

grund treten. Die Häusergruppe öffnet sich mit ihrem – allerdings privaten, nicht öffentlich zugänglichen – Gartenhof zum Anger und setzt auch durch ihre hellen Farben einen heiteren Akzent. In den vier Plastiken auf der Gartenmauer stellte der Bildhauer Waldemar Lemke die vier Jahreszeiten dar.

In dem einer Villa ähnlichen Mittelbau wohnte der Präsident der Reichsbahndirektion Osten. Im Erdgeschoss befanden sich die Repräsentationsräume. Das Damen- und das Herrenzimmer auf der einen, das Speisezimmer auf der anderen Seite flankierten die Diele und das Musikzimmer. Von dort gelangten die Bewohner des Hauses und ihre Gäste in den Garten. Das Obergeschoss blieb den privaten Wohnräumen vorbehalten. Die beiden seitlichen, spiegelbildlich angeordneten Flügel waren für acht weitere leitende Beamte bestimmt. Ihren Arbeitsplatz erreichten sie von hier zu Fuß, denn die Reichsbahn nutzte die ehemalige Leibgrenadierkaserne in der nahe gelegenen Logenstraße als Dienstgebäude.

Wie die Gartensiedlung Paulinenhof steht die Häusergruppe am Anger, die Kießling selbst mit einem Gartenschloss verglich, für die traditionalistische Strömung in der Architektur der 1920er Jahre. Einfühlsam ordnete der Architekt sein Projekt in das städtebauliche Gefüge der Gubener Vorstadt ein. **CS**

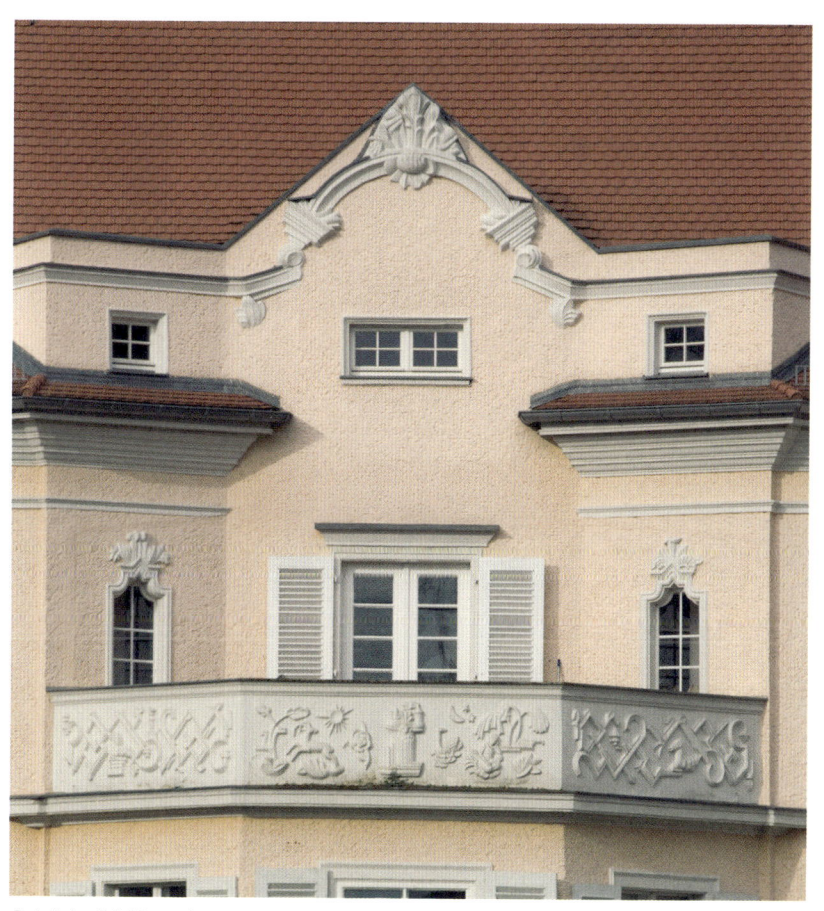

Detail des Präsidentenhauses

Gartensiedlung Paulinenhof

Zwischen Kießlingplatz und Georg-Friedrich-Händel-Straße

Lageplan Frankfurt (Oder): Nr. 2

Bauzeit: 1922–1924

Architekt: Martin Kießling

Bauherr: Siedlungsgesellschaft Ostmark GmbH

Die Gartensiedlung Paulinenhof in der Nuhnenvorstadt zählt zu den Kleinodien der Stadtbaukunst im Land Brandenburg. In dem Bauprogramm für die Mitarbeiter der nach Frankfurt (Oder) verlegten Reichsbahndirektion Osten war sie das größte Projekt.

In einer Abstimmung hatten sich mehr als 300 Familien für Wohnungen mit Stall und Garten entschieden. Eine geeignete Fläche war das städtische Pachtgut Paulinenhof. Bei der Bearbeitung des städtebaulichen Entwurfs ging Martin Kießling von den natürlichen Gegebenheiten aus. Die Steigung des Geländes von Ost nach West inspirierte ihn zur Anlage der Ostmarkstraße (heute Hermann-Boian-Straße) als Längsachse, die am Kießlingplatz beginnt. Plastiken von Waldemar Lemke, die einen Baumeister und einen Bildhauer darstellen, krönen die Torpfeiler beiderseits der Fahrbahn.

Auf die schildförmige Wölbung des Baugeländes reagierte Kießling mit der Anlage gebogener Straßen: des Bromberger Rings (Franz-Liszt-Ring) und des Posener Rings (Peter-Tschaikowski-Ring), der einen Platz mit Grünanlagen und Kinderspielplätzen einfasst. Ein Torbogenhaus schließt diesen Platz nach Westen ab. Ein weiteres Wahrzeichen der Siedlung ist das turmähnliche, mit einer Sonnenuhr geschmückte Haus in der Danziger Straße (Albert-Fellert-Straße), durch das Kießling den Giebel eines älteren Mietshauses verdeckte. Ihre Faszination verdankt die Siedlung nicht zuletzt ihrer Farbigkeit. Städtebaulich prägende Gebäude, Blickpunkte und Fassadendetails sind zum Teil durch kräftige Farbtöne oder auch durch ein strahlendes Weiß hervorgehoben.

Architektonisch knüpfte Kießling an Frankfurter Traditionen an. Ihm war es wichtig, dass seine Neubauten im Stadtbild nicht als Fremdkörper erscheinen. Vorbilder aus dem Barock, der das Stadtzentrum bis zum Zweiten Weltkrieg wesentlich prägte, klingen an. Dabei ist die Siedlung städtebaulich voll auf der Höhe ihrer Zeit. Die einheitliche Planung, die gemeinnützige Bauträgerschaft, die großzügige Ausstattung mit Freiflächen und die komfortablen Wohnungen spiegeln die Forderungen der Städtebau- und Wohnungsreform im frühen 20. Jahrhundert wider. **CS**

Kießlingplatz

Lageplan, 1923

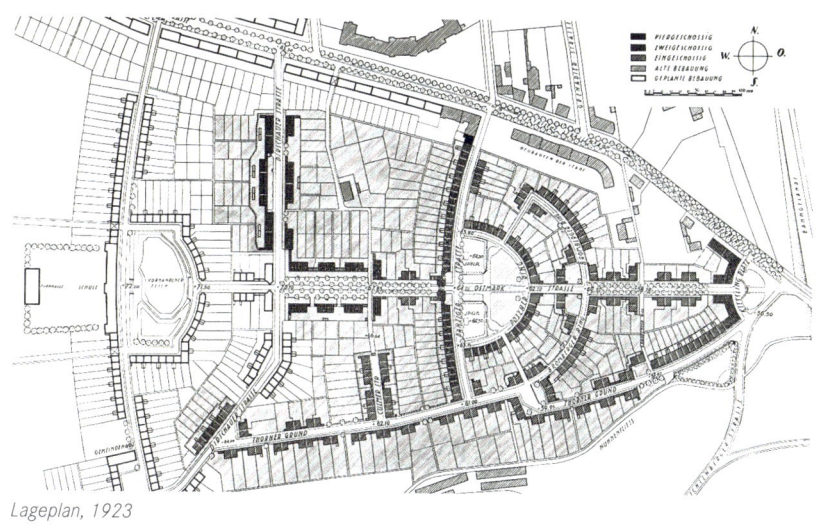

Häuser an der Hermann-Boian-Straße

Plastik „Der Bildhauer"

Hindenburgschule
(heute Erich Kästner Grundschule)

August-Bebel-Straße 21

Lageplan Frankfurt (Oder): Nr. 3

Bauzeit: 1925–1927

Architekten: Hugo Althoff und Josef Gesing

Bauherr: Stadt Frankfurt (Oder)

Kultur und Bildung hatten in der Frankfurter Kommunalpolitik einen hohen Stellenwert. Mit der Hindenburgschule begann die Entwicklung eines Bildungszentrums im Westen der Nuhnenvorstadt, zu dem auch das Musikheim und die Pädagogische Akademie gehörten. Zusammen erinnern diese drei Bauten – bei allem Unterschied in ihrer architektonischen Gestaltung – an die zur Zeit der Weimarer Republik entwickelten pädagogischen Konzepte.

Die Nuhnenvorstadt wurde in den 1920er Jahren zum wichtigsten Stadterweiterungsgebiet. An ihrer Hauptstraße, der Hindenburgstraße (heute August-Bebel-Straße), baute der Magistrat für die wachsende Bevölkerung die gleichnamige Volksschule. Ergänzt durch zwei Wohnhausgruppen der Gemeinnützigen Heimstätten-Aktien-Gesellschaft, bildet sie den Mittelpunkt einer symmetrischen Baugruppe mit einem repräsentativen Vorplatz. Hugo Althoff und Josef Gesing planten den gesamten Komplex.

Gegenüber errichtete die Baugenossenschaft des Mietervereins 1927–28 zwei Wohn- und Geschäftshäuser, die eine Art Tor in die Gerhart-Hauptmann-Straße (ursprünglich Gnesener Straße) bilden. Zusammen mit der Schule entstand ein städtebauliches Ensemble, das sich durch seine Ziegelsteinfassaden von den anschließenden Putzbauten in der August-Bebel-Straße abhebt.

Die gesunden, freundlichen, zweckmäßigen Schulräume fanden von Anfang an viel Lob. Ihre Größe, Ausstattung und Gestaltung waren auf moderne Unterrichtsformen zugeschnitten. Neben den Klassenzimmern gab es beispielsweise einen Physik- und einen Zeichensaal, eine Turnhalle, ein Bad, eine Lehrküche mit Esszimmer, eine Waschküche mit Bügelzimmer und Aufenthaltsräume. Keramische Wandverkleidungen schmückten die Haupttreppenhalle und sämtliche Flure. Die Unterrichtsräume wurden far-

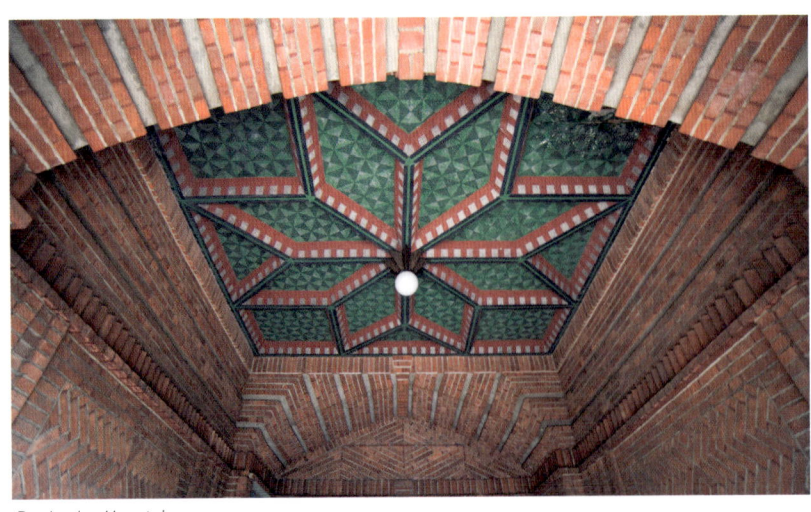

Decke des Haupteingangs

Ansicht von der Straße

big ausgemalt. Der prächtigste Raum war indessen die Aula mit ihren künstlerisch gestalteten Fenstern. Die weltbekannte Frankfurter Orgelbauanstalt Sauer fertigte für sie eines ihrer Instrumente, dessen schöne Klangfarbe Musikfreunde begeisterte. **CS**

Klassenzimmer

Musikheim

Gerhart-Hauptmann-Straße 3–4

Lageplan Frankfurt (Oder): Nr. 4

Bauzeit: 1928–1929

Architekt: Otto Bartning

Bauherr: Stadt Frankfurt (Oder)

Das Musikheim ist ein deutschlandweit einzigartiges Zeugnis der musischen Bildung. Sein geistiger Vater war der Berliner Musikpädagoge Georg Götsch. Der Mitbegründer des Wander- und Fahrtenchors „Märkische Spielgemeinde" prägte die Jugendmusikbewegung in der Weimarer Republik. Er gewann den preußischen Minister für Wissenschaft, Kunst und Volksbildung, Carl Heinrich Becker, für sein Projekt und entwickelte gemeinsam mit dem Architekten Otto Bartning erste Konzepte. Letzterer erhielt dann vom Magistrat den Planungsauftrag. Die Stadt Frankfurt (Oder) und der Staat Preußen teilten sich die Baukosten.

Neben den staatlichen Lehrgängen für Pädagogen fanden im Musikheim viele weitere Kurse statt. Götsch, der das Heim bis zur Schließung im Dezember 1941 leitete, verband die musikalische Ausbildung und Praxis mit Tanz, Laienspiel und Sprachbildung. Von 1946 bis 2000 diente das Haus als Stadttheater. Mehrfach wurde es in dieser Zeit durch Um- und Anbauten an die neue Nutzung angepasst.

Das Musikheim bildet eine vielfältig gegliederte Baugruppe. Mit seiner Orientierung auf einen inneren Freiraum sowie der Zusammenführung aller Funktionen – Wohnen, Unterricht, Freizeitgestaltung und Veranstaltungen – unter einem Dach erinnert der Komplex an traditionelle britische Colleges. Zur Straße hin erschien das Heim auf den ersten Blick eher abweisend. Die gläsernen Fassaden der

Festhalle von Norden, 1929

Rundbau am Garten

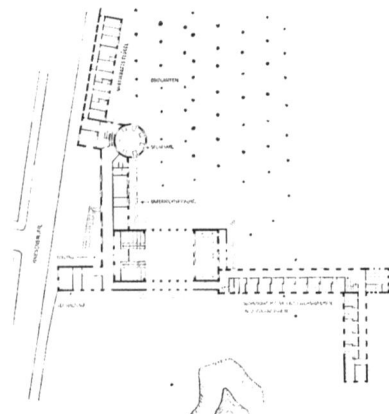

Grundriss des Erdgeschosses

Festhalle mit Bühne

einstigen Festhalle wandten sich im Süden einem Teich und im Norden einem Obstgarten zu. Ein Rundbau zog dort den Blick auf sich. Darin befand sich über dem Speisesaal das berühmte Turmzimmer mit der „Balkenkrone", wie Götsch den offenen Dachstuhl bezeichnete. Die hervorragende Akustik und die unvergleichliche Atmosphäre machten diesen Raum zum idealen Ort für Gespräche, Vorträge, Chorübungen und Kammermusik.

Otto Bartning zählt zu den Wegbereitern der modernen Architektur in der Weimarer Republik. Vor allem seine Kirchen machten ihn weithin bekannt. Von 1926 bis 1930 leitete er die Staatliche Hochschule für Handwerk und Baukunst Weimar, deren Werkstätten Möbel, Leuchten und Stoffe für das Musikheim herstellten. Neben seiner Professur unterhielt Bartning ein privates Bauatelier in Berlin. **CS**

Südseite der Festhalle mit äußerem Umgang, 1929

Das Musikheim wurde nach dem Zweiten Weltkrieg als Spielstätte des Kleist-Theaters umgebaut. Seit 2001 steht das Gebäude größtenteils leer und ist für die Öffentlichkeit nicht zugänglich.

Pädagogische Akademie
(heute Carl-Friedrich-Gauß-Gymnasium)

Friedrich-Ebert-Straße 51–52

Lageplan Frankfurt (Oder): Nr. 5

Bauzeit: 1930–1935

Architekt: Hans Petersen

Bauherr: Preußische Staatshochbauverwaltung

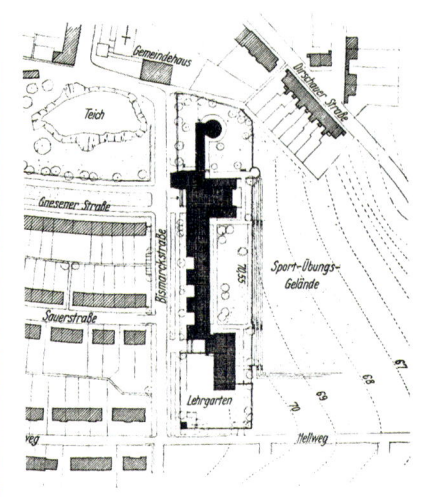

Lageplan, 1935

Rundbau mit Musiksaal

Mit der Ansiedlung einer Pädagogischen Akademie in Frankfurt knüpfte der preußische Staat an die Hochschultradition der Oderstadt an. Schließlich hatte dort von 1506 bis 1811 die Viadrina, die erste Universität Brandenburgs, ihren Sitz.

Die Pädagogische Akademie nahm den Lehrbetrieb 1930 zunächst in einem Schulgebäude am Leipziger Platz im Stadtteil Beresinchen auf. Im selben Jahr ging das neue Haus in der Nuhnenvorstadt in Bau. Für das Projekt zeichnete die Staatshochbauverwaltung verantwortlich, die von 1928 bis 1933 unter der Leitung von Martin Kießling stand. Hatte der Architekt seine Frankfurter „Ostmarkbauten" noch in historisierenden Formen gestaltet, vertrat er inzwischen eine moderne Ästhetik. Den Entwurf der Akademie fertigte Hans Petersen. Aufgrund der Weltwirtschaftskrise wurde die Akademie 1932 geschlossen, die Baustelle stillgelegt. Erst nach der nationalsozialistischen Machtübernahme wurden die Arbeiten wieder aufgenommen, 1934 wurde ein Teil des Gebäudes als Hochschule für Lehrerbildung eröffnet, 1935 der zweite Bauabschnitt fertiggestellt.

Dank ihrer Lage oberhalb des Nuhnenfließes ist die Akademie wie die benachbarte Gartensiedlung Paulinenhof schon von der Berlin-Frankfurter Eisenbahn aus sichtbar. Die Eingangshalle bildet gleichsam das Gelenk der Anlage. Um sie he-

Haupteingang und Hörsaaltrakt

Gartenseite, im Hintergrund der Festsaal

rum sind die einzelnen Raumgruppen angeordnet. Neben dem Eingang erhebt sich der Hörsaaltrakt. Die kammartig zur Straße vorspringenden, von drei Seiten belichteten Seminarräume bestimmen den Rhythmus des Unterrichtstrakts. In der dem Nuhnenfließ zugewandten Südfront stechen die Turnhalle, der Festsaal mit der Bibliothek und ein Rundbau mit dem Musiksaal hervor.

Während sich in der Hindenburgschule und im Musikheim traditionelle, expressionistische und moderne Formen miteinander verbinden, ist die Pädagogische Akademie ganz der Neuen Sachlichkeit verpflichtet. Klare, geometrische Bauformen, an denen die inneren Funktionsabläufe ablesbar sind, gliedern den mit hellen Putzfassaden versehenen Komplex.

CS

Straßenseite mit Seminarräumen, 1935

Friedhofshalle mit Krematorium

Am Hauptfriedhof 1

Lageplan Frankfurt (Oder): Nr. 6

Bauzeit: 1929–1930

Architekt: Josef Gesing

Bauherr: Stadt Frankfurt (Oder)

Wie die Hindenburgschule kündet die Trauerhalle des Hauptfriedhofs (1879 als Neuer Friedhof eröffnet) von der hohen künstlerischen Qualität des kommunalen Hochbaus im Frankfurt (Oder) der Weimarer Republik. Sie zählt zu den Hauptwerken des Stadtbaumeisters Josef Gesing.

Der Architekt platzierte den Bau auf dem ersten Hügel hinter der alten Kapelle, die sich längst als zu klein erwiesen hatte und dem Verfall nahe war. Der Baumbestand und die starken Höhenunterschiede prägen den landschaftlichen Reiz des Standorts am Ende einer Allee.

Zusammen mit niedrigen Seitenflügeln, in denen sich rechts Büros und der Raum für den Leichenwagen, links Toiletten und eine überdachte, aber seitlich offene Halle befinden, umschließt das Hauptgebäude einen Vorhof. Die hohen Arkaden lenken den Blick auf die dahinter liegenden Eingangstüren. Mit seiner Klinkerverblendung knüpft der Komplex an die jahrhundertealte Ziegelbautradition der Mark Brandenburg an.

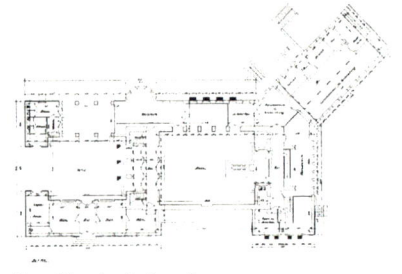

Grundriss des Erdgeschosses

Im Inneren bietet die Halle Platz für 250 Gäste. Den Eingängen gegenüber befindet sich die Aufbahrungsstelle für den Sarg, dahinter als feierlicher Abschluss des Raumes eine Art Altarwand mit einem farbigen Glasmosaik, kupferbeschlagenen

Vorhof

Trauerhalle, um 1930

Türen und Schallöffnungen. Hinter dieser Wand verbirgt sich oben eine Empore für Sänger und das Harmonium, unten der Durchgang zu einem Aufenthaltsraum für die Prediger und Redner, zu einem Raum für Dekorationspflanzen und zum rückwärtigen Seitenflügel mit den Leichenkammern. Nach der Trauerfeier wurde der Sarg, falls eine Feuerbestattung vorgesehen war, über eine Versenkungsanlage in den Keller befördert. Dort befand sich der Verbrennungsofen.

Durch die Verbindung der Friedhofshalle mit einem Krematorium reagierte der Magistrat auf das gewachsene Interesse an Feuerbestattungen. Der Neubau demonstrierte, dass Baukunst und Sparsamkeit keine Gegensätze sein müssen. Mit 300.000 Reichsmark blieben die Kosten unter denen der Krematorien in Brandenburg an der Havel (640.000 RM) und Forst (350.000 RM bei einer viel kleineren Halle). **CS**

Das Krematorium wurde 2007 nach einer Havarie geschlossen. Im Rahmen von Friedhofsführungen kann die Trauerhalle besichtigt werden.

Warteraum

Wohnanlagen der Gewoba

Fürstenwalde

Zwischen Karl-Liebknecht-, Julian-Marchlewski-, Wriezener- und Nordstraße

Bauzeit: 1926–1930

Architekten: Willy Schoenfelder und Willi Ludewig (Betreuung: Märkischer Wohnungsbau GmbH)

Bauherr: Gewoba Fürstenwalde

nossenschaftliche Bauprojekt treuhänderisch.

Den Auftakt bildeten die Bauten des Frankfurter Architekten Willy Schoenfelder, die in Anlehnung an Eigenheim- und Gartenstadtideen 1926–27 in der Strausberger Straße, in der Verdistraße und in der Nordstraße entstanden. Die dem Straßenschwung der Verdistraße folgende zweigeschossige Reihenhausbebauung schließen zwei vertikal gestaffelte, ursprünglich mit Flachdach geplante Blöcke an der Nordstraße ab.

Ein städtebaulicher Richtungswechsel zum Neuen Bauen setzte ein, nachdem die Stadt im Juli 1928 der Gewoba das Baugelände zwischen der damaligen Steinhöfeler Chaussee, Damaschke-, Wriezener- und Lissaer Straße über-

Blöcke mit unterschiedlichen Treppenhäusern an der Karl-Liebknecht-Straße

Nördlich der Altstadt und des Bahnhofs gab die 1872 erbaute Gasleuchtenfabrik Julius Pintsch, in der Waggonbeleuchtungen für die Märkische Eisenbahn hergestellt wurden, den entscheidenden Impuls für die Stadterweiterung mit Industrie und Wohnungen. Aufgrund der hohen Zahl der Wohnungssuchenden Anfang der 1920er Jahre wurde am 2. Juli 1926 die örtliche Gemeinnützige Wohnungsbaugenossenschaft Gewoba gegründet. Ziel war die Schaffung von preiswerten und funktionalen Wohnungen. Die Märkische Wohnungsbau GmbH Berlin und deren Planungsarchitekten betreuten das ge-

lassen hatte (heute Karl-Liebknecht-/ Julian-Marchlewski-/ Wriezener-/ Richard-Strauß-Straße). Dort entstanden elf Wohnblöcke der ursprünglich mit 14 Häusern und 112 Wohnungen geplanten Gesamtanlage. Willi Ludewig hatte die Planung übernommen und entwarf für das Straßenkarree zuerst lange zweigeschossige Flachdachbauten mit geschlossenen Ecken und abschließendem Blockrand, die innen kleinteilige Gärten enthalten sollten. Das Zentrum der Anlage sollte nach dem Vorbild anderer Gewoba-Siedlungen, wie z.B. in Potsdam-Babelsberg, ein Heizhaus mit Wäscherei bilden, das jedoch nicht mehr realisiert wurde. Nach einem Planwechsel organisierte Ludewig nunmehr kleinere Längsblöcke mit jeweils acht Wohnungen locker und mit Durchblicken um den trapezförmigen Hof. Die drei verschiedenen Haustypen enthielten Zwei- und Dreizimmerwohnungen mit Bad und Loggia, in Größen von 43 bis 77 Quadratmetern. Der dreigeschossige Bau von 1930 an der Ecke Richard-Strauss-/Wriezener Straße markiert mit seiner Komposition und einem Fahnenmast auf dem Dach den Eingang zur Genossenschaftsanlage. Auffällig sind die integrierten oder angebauten Läden, die vorspringenden Treppenhausrisalite sowie die gliedernden Schornsteine an den Giebelseiten, deren Backsteinoptik die glatt verputzten Bauten kontrastieren. **SD**

Block mit Laden

Aufnahme um 1930

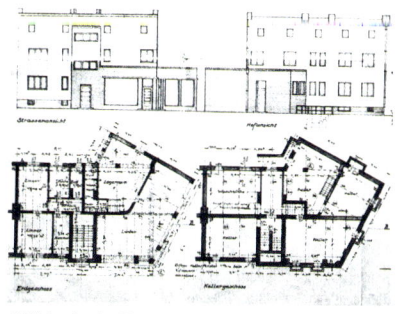

Willi Ludewig, Typ „Füa Zweieinhalb", 1928

Wohnanlage und Siedlung der Gewoba

Guben

Wohnanlage Karl-Liebknecht-Straße, Friedrich-Engels-Straße
Bauzeit: 1927–1928

Siedlung Rosa-Luxemburg-Straße
Bauzeit: 1928–1930

Architekt: Willi Ludewig (Betreuung: Märkischer Wohnungsbau GmbH)

Bauherr: Gewoba Guben

Die durch die Folgen des Zweiten Weltkrieges in die polnische Stadt Gubin und das westlich der Neiße liegende Guben geteilte Stadt verfügte ab Mitte des 19. Jahrhunderts über einen Eisenbahnanschluss, eine leistungsstarke tradierte Tuch- und eine Kohleindustrie. Das rasante Anwachsen der Einwohner durch die Etablierung von Maschinenbau- und Textilunternehmen zog in der Weimarer Republik umfangreiche Siedlungsprojekte nach sich.

Wie anderswo auch, betreuten die Märkische Wohnungsbau GmbH und deren Entwurfsarchitekt zwei benachbarte Bauvorhaben der örtlichen Baugenossenschaft Gewoba. Die kleine, durch Blockrandschließung und Satteldächer eher konventionelle Wohnanlage in der Karl-Liebknecht-Straße betonte Willi Ludewig durch farbig differenzierte Fassaden, kubisch ineinandergeschobene Bauteile, Treppenhausrisalite und einen in die Ecke integrierten Laden.

Im Anschluss errichtete die 1926 gegründete Gewoba die Siedlung an der Rosa-Luxemburg-Straße. Willi Ludewig setzte dort einen radikalen städtebaulichen Akzent, indem er nördlich und südlich der Straße blockhafte und lange geschwungene Zeilenbauten mit flachen Dächern in Ost-West-Ausrichtung sowie Eckgebäude in spannungsvoller Raumbeziehung plante. Von diesem ehrgeizigen Programm wurden nur sechs Blöcke an der nördlichen Straßenseite realisiert, zwischen denen abgesenkte und von Hecken gesäumte Grünflächen zur Erholung liegen. Die verputzten und in der Höhe gestaffelten Giebelseiten an der Straße fallen auf durch einen vom Klinkersockel bis zum Dach reichenden, leicht vortretenden Backsteinschornstein und ohrenartige Mauervorsprünge.

Willi Ludewig, Modell der Gesamtanlage, 1928

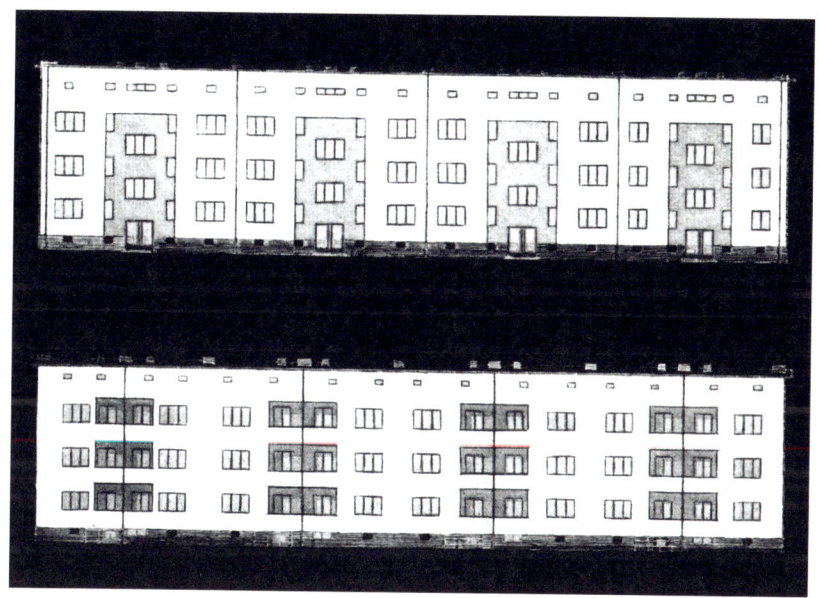

Entwurf der Fassaden, 1928

Wie eine Negativform sind die Treppenhäuser in die Fassade eingelassen, farbig akzentuiert und durch die quergelagerten Treppenhausfenster und kleinen Badfenster rhythmisiert. Interessant sind die mit Berliner Bauten Bruno Tauts korrespondierenden Architekturdetails. So ähneln die Giebelseiten denen einiger plastisch durchformter Backsteinblöcke der wenig früher erbauten Siedlung am Schillerpark und die dynamisch eingebundenen Balkone des Eckbaus denen der Giebelbauten in der Carl-Legien-Siedlung.

Die Siedlung steht exemplarisch für die Hinwendung zum Neuen Bauen in der Stadt und in der Provinz Brandenburg, aber auch für das Scheitern ehrgeiziger Wohnungsbauprojekte Ende der 1920er Jahre, wie es aufgrund der Einstellung der Hauszinssteuermittel, der Wirtschaftskrise und Notverordnungen gehäuft auftrat. Ihre programmatische Bedeutung für Genossenschaftsbauten verdeutlicht, dass sie, noch im Bau befindlich, anlässlich des Dritten Märkischen Wohnungsfürsorgetages in Guben im Oktober 1929 besichtigt wurde. **SD**

Blockrandgestaltung mit Laden an der Karl-Liebknecht-/Ecke Friedrich-Engels-Straße

Rosa-Luxemburg-Straße, Blick nach Westen

Siedlung Eigene Scholle („Jerusalem-Siedlung")

Forst (Lausitz)

An der Malxe, Spremberger Straße, Pappelstraße, Schwerinstraße

Bauzeit: 1926–1927

Architekt: Rudolf Kühn

Bauherr: Private Bauunternehmer

Die Architektur der Moderne in Forst ist eng mit dem Wirken des Stadtbaurats Rudolf Kühn verbunden. Forst hatte sich zu einem bedeutenden Zentrum der Tuchindustrie entwickelt und war bis in die 1920er Jahre kontinuierlich gewachsen. Zahlreiche Wohnanlagen gehen auf Kühn zurück, darüber hinaus Schulen, Bauten für die Gesundheit, Verwaltung und Industrie.

Diese Siedlung wurde nach städtischem Bauplan auf einem Gelände der Landgesellschaft „Eigene Scholle" errichtet. Der an die Gartenstadtbewegung anknüpfende Bebauungsplan sah 22 ringförmig angeordnete Vierfamilienhäuser mit Gartenland zur Selbstversorgung vor. Eine ähnliche Siedlungsform hatte auch Bruno Taut in Trebbin gewählt, allerdings mit dem Charakter einer lose gruppierten Streusiedlung, während Rudolf Kühn die Häuser straff zusammenfasste und mit einer Mauer verband. In der Architursprache der Neuen Sachlichkeit stechen sie aus der übrigen Bebauung heraus. Die schmucklosen, kubenförmigen Häuser haben ein weit auskragendes Flachdach, die Fassaden waren ursprünglich weiß, Sockel und Türlaibungen bestanden aus hartgebranntem Ullersdorfer Klinker. In jedem Haus waren vier Kleinwohnungen mit einer Stube, Wohnküche und WC untergebracht, eine der Obergeschosswohnungen hatte zusätzlich eine Kammer. Die gemeinsame Waschküche lag im Keller und war nur vom Hof aus zu erreichen. Die Baukosten betrugen rund 30.000 RM pro Hauseinheit inklusive Straßenbau und Einfriedung.

Die Wohnanlagen von Rudolf Kühn der 1920er Jahre zeichnen sich insgesamt durch ein Formenrepertoire aus, das auf der Verbindung von Tradition und Moderne beruht. Die Siedlung „Eigene Scholle" knüpft in dezidiert kühler, sachlicher Bauweise an das Neue Bauen an. Dass dieser Stil nicht jederzeit Anklang fand, verrät der Name „Jerusalem-Siedlung", den die Wohnanlage später im Volksmund erhielt.

UL

Siedlung nach der Fertigstellung

Häuser An der Malxe

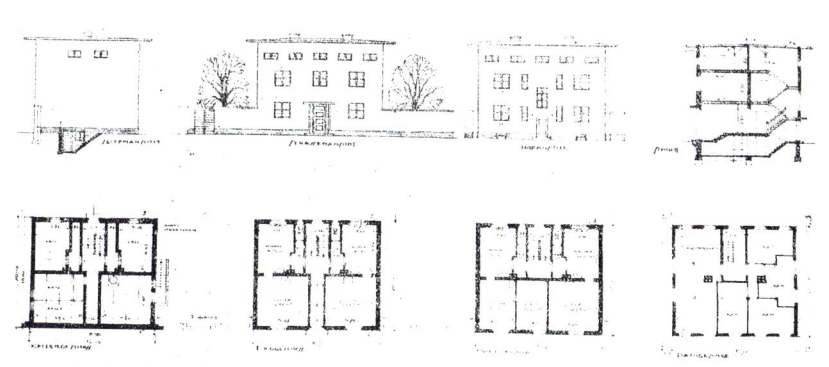

Ansichten, Schnitt und Grundrisse

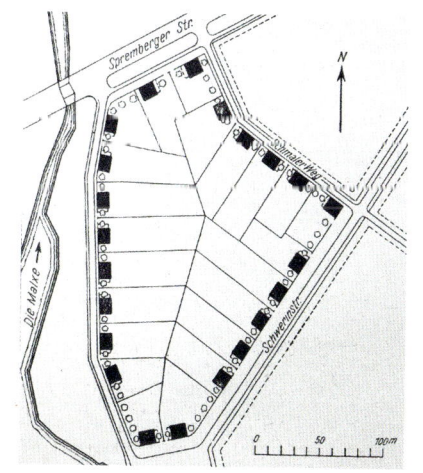

Lageplan

Krematorium

Forst (Lausitz)

Frankfurter Straße

Bauzeit: 1929–1930

Architekt: Rudolf Kühn

Das Krematorium in Forst, einer der markantesten Bauten im Land, entstand im Zusammenhang mit dem damals noch relativ jungen Verfahren der Feuerbestattung. Die zunehmende Nachfrage in den 1920er Jahren führte zum Bau zahlreicher Krematorien und stellte das Deutsche Reich sogar international an die Spitze. Das Krematorium in Forst war nach Brandenburg an der Havel, Potsdam und Frankfurt (Oder) das vierte Gebäude dieser Art in der Provinz.

Der Gebäudekomplex ist am nördlichen Friedhofsareal gelegen und so konzipiert, dass für Transporte des Brennmaterials und für das Publikum jeweils getrennte Zuwege erfolgten. Die Schauseite ist zum Friedhof auf einen großen Vorhof ausgerichtet, den ein Urnengang von drei

Feierhalle vor dem Zweiten Weltkrieg

Gesamtanlage

Seiten weitläufig umschließt. Aus dessen Mitte erhebt sich wie ein Monolith mit einem großen Spitzbogenportal die Aussegnungshalle. Die expressionistischen, vom Boden aufsteigenden Spitzbogen-Arkaden durchziehen als Gestaltungsmotiv die gesamte Anlage. Wie viele Architekten versuchte Kühn den modernen, technischen Zweckbau mit sakralen Motiven zu verhüllen. Eine ähnliche Gestaltung verwendete auch Dominikus Böhm für die Fassade der Christkönigskirche in Mainz-Bischofsheim (1926). Vorbild für die Gesamtkonzeption mag das Krematorium in Wien (1921/22) von Clemens Holzmeister gewesen sein. Beide bekannten Bauwerke waren damals in zahlreichen Bauzeitschriften veröffentlicht worden.

Die Feierhalle ist dem traditionellen Kirchenraum nachgebildet und verströmt mit dem gotisierenden Gewölbe eine sakrale Aura. Hinter dem Chorbogen befindet sich die Aufbahrungsnische mit einem wandelbaren Wandbild für Freidenker- bzw. kirchliche Feiern. Die meisten Krematorien der Zeit hatten ein versenkbares Podium, auf dem der Sarg abwärts zur Einäscherung befördert wurde und so an die Erdbestattung erinnerte. In Forst hingegen wurde die Verbrennungsanlage hinter die Feierhalle gebaut, so dass der Sarg den Raum ebenerdig durch eine Öffnung verließ. Daneben befanden sich Aufbahrungsräume. Zur technischen Anlage gehörten die üblichen Leichenzellen, ein Sezierraum und ein Arztzimmer. **UL**

Feierhalle

Kriegerdenkmal

Im Zweiten Weltkrieg wurde die über dem Portal angebrachte Bronzeplastik „Schnitter Tod" von Georg Wrba aus Dresden zerstört. Die heute stillgelegte Feierhalle und der Aufbahrungsraum sind im ursprünglichen Zustand noch weitgehend erhalten. Die Verbrennungsanlage wurde modernisiert und mit einer neuen Kühlhalle erweitert. Die Friedhofsverwaltung bietet mehrmals im Jahr Führungen und Veranstaltungen an. Kontakt unter 03562/989456 (Frau Petri).

Cottbus

Cottbus war im Zuge der Industrialisierung bis zum Ersten Weltkrieg stark angewachsen und setzte sich in der Weimarer Republik aus einer SPD-regierten, rund 50.000 Einwohner zählenden Stadt mit hohem Arbeiteranteil zusammen. Der wirtschaftliche Schwerpunkt lag in der Textilindustrie. Obwohl die Bevölkerung nicht weiter expandierte, war die Behebung der Wohnungsnot das wichtigste Ziel. Die Zeit zwischen Inflation und Weltwirtschaftskrise bestimmte ein vergleichsweise gemäßigter gemeinnütziger Wohnungsbau im Norden und Süden der Stadt, der anfänglich an der Gartenstadtbewegung orientiert war und allmählich zu mehrgeschossiger Blockbebauung überging. Einen hohen Anteil hatte neben der Gemeinnützigen Cottbuser Baugesellschaft und dem Gemeinnützigen Bauverein für Heimstättengründung die Gewoba, für die Willi Ludewig als Chefarchitekt der Wohnungsbaugesellschaft Markischer Wohnungsbau herausragende, äußerst moderne Wohnanlagen plante.

Mit dem Ausbau der Infrastruktur zeigte die Stadt hohes sozialpolitisches Engagement. Bis Ende der 1920er Jahre entstanden wichtige Bauten für Soziales, Gesundheit, Sport und Bildung, darunter die städtische Warmbadeanstalt, das Riedelstift, die Waldschule und die moderne, reformpädagogische Gemeindeschule VII. Einen hohen Einfluss auf das Baugeschehen der Stadt hatten die beiden Stadtbauräte Johannes Boldt (bis 1928) und Hellmuth Schröder (ab 1928). Vor allem durch Schröders Engagement konnte sich das Neue Bauen in der Stadt etablieren, was in Cottbus zu einer großen stilistischen Vielfalt und beachtlichen Konzentration an Bauten der Klassischen Moderne führte.

UL

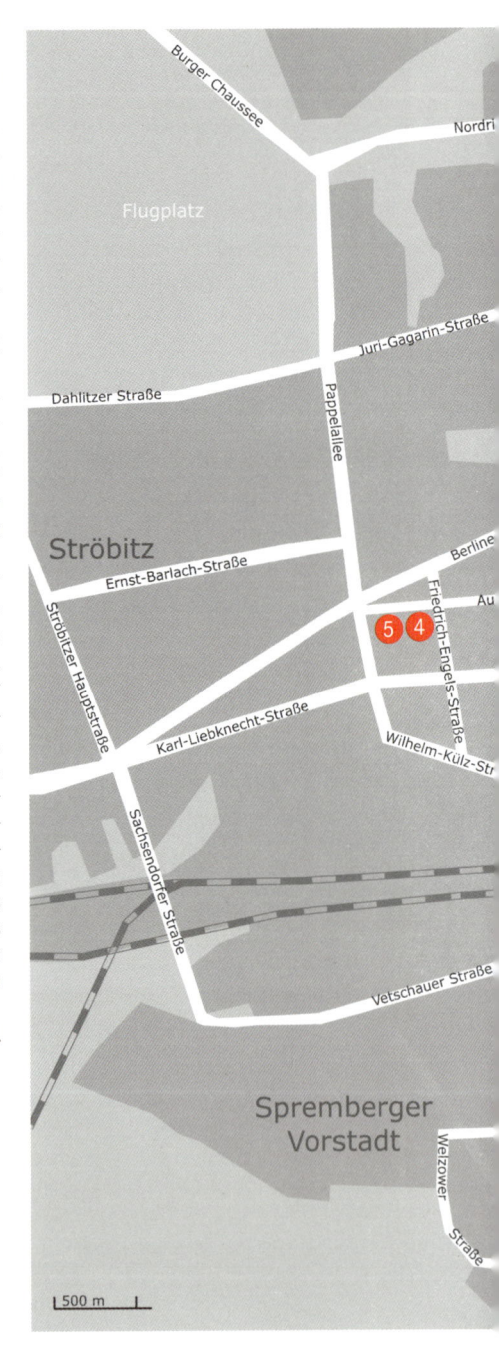

1 Friedrich-Ebert-Hof
2 Dieselkraftwerk (heute Kunstmuseum Dieselkraftwerk Cottbus)
3 Feuerhauptwache (heute Feuer- und Rettungswache 2)
4 Volksschule VII (heute Bauhausschule)
5 Lehrerwohnhaus (heute Büro- und Wohnhaus)

Friedrich-Ebert-Hof

Dresdener Straße, Kochstraße, Juliot-Curie-Straße, Gartenstraße

Lageplan Cottbus: Nr. 1

Bauzeit: 1927–1928

Architekt: Willi Ludewig (Betreuung: Märkischer Wohnungsbau GmbH)

Bauherr: Gewoba Cottbus

Das rasante Bevölkerungswachstum führte nach dem Ersten Weltkrieg zu Genossenschaftsgründungen, von denen in der Weimarer Republik die Gewoba Cottbus zum wichtigsten gemeinnützigen Bauträger avancierte. Am 4. August 1926 wurde sie zur „Herstellung und Verwaltung gesunder, zweckmäßiger und preiswerter Wohnungen" auf Initiative der in Berlin ansässigen GmbH „Märkischer Wohnungsbau" gegründet. Deren Chefarchitekt, Willi Ludewig, entwarf für die Gewoba südlich der Altstadt zwei Siedlungen: den architektonisch vielgestaltigen Friedrich-Ebert-Hof, dessen geschlossene Randbebauung er vollendete und in den Jahren 1929–30 die Siedlung am Huttenplatz in der Bautzener Straße, die im Unterschied dazu mit Flachdach-Zeilen den Stadtrand markierte.

Die dreigeschossige Blockrandbebauung mit auffälliger Verklinkerung wirkt wie eine Referenz an den berühmten Karl-Marx-Hof von Karl Ehn im „Roten Wien". An der Ecke Garten-/ Joliot-Curie-Straße akzentuierte Ludewig den Wohnkomplex mit einem viergeschossigen „Turm", der im Zweiten Weltkrieg, wie große Teile an der Kochstraße, zerstört und in den 1950er Jahren verändert wiederaufgebaut wurde. Für die Anlage mit ca. 200 Wohnungen hatte der Architekt wegen der Ausrichtung nach vier Himmelsrichtungen acht unterschiedliche Grundrisstypen und auch Einbauküchen konzipiert. Das Prunkstück bildete der große Innenhof mit abgrenzenden Baumreihen, Rasenflächen zur Erholung und einem Kinderspielplatz. Im Zentrum befanden sich die Gemeinschaftswäscherei, heute Sitz der Wohnungsverwaltung, und ein großes, von einer Pergola umrahmtes Planschbecken, das zu den Kriegsverlusten zählt. Hier

Luftaufnahme der Gesamtanlage, um 1928

zeigte sich, wie auch an der Brunnenstele mit dem Bildnis Friedrich Eberts, die soziale Kodierung Ludewigscher Architektur. Seine differenziert gestalteten Fassaden und Blockecken sowie markant vorspringende Treppenhausrisalite lassen zudem eine deutlich modernere Formensprache als die der Staffelgiebel des ersten Bauabschnitts erkennen. Bemerkenswert präzise führte die örtliche Bauhütte Cottbus den Bau bis zur Binnengliederung mit getönten Klinkern sowie farblich unterschiedenen Stoß- und Lagerfugen aus. Der Friedrich-Ebert-Hof wurde am 9. Dezember 1928 im Rahmen des Zweiten Märkischen Wohnungsfürsorgetages mit einem großen Festzug eingeweiht und wirkte als städtebauliches Signal des Genossenschaftsbaus weit über die Stadtgrenzen hinaus. **SD**

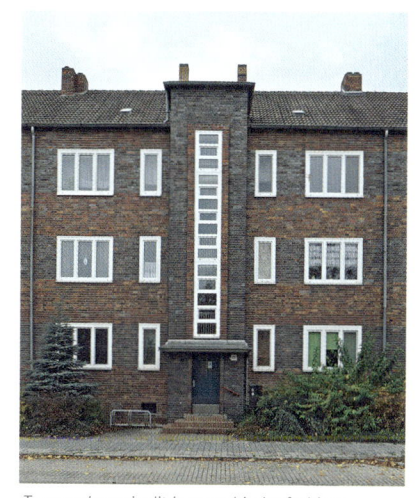

Treppenhausrisalit in verschiedenfarbigen Jeschke-Klinkern

Gartenstraße / Joliot Curie Straße

Ansicht Gartenstraße, um 1930

Dieselkraftwerk
(heute Kunstmuseum Dieselkraftwerk Cottbus)

Uferstraße, Am Amtsteich 15

Lageplan Cottbus: Nr. 2

Bauzeit: 1927–1928

Architekt: Werner Issel im Auftrag der Allgemeinen Elektrizitätsgesellschaft (AEG), Berlin (Gesamtplanung: Allgemeine Elektrizitätsgesellschaft (AEG), Berlin)

Bauherr: Stadt Cottbus

Das monumentale Ensemble von Maschinenhalle und Schalthaus präsentiert sich in ungewöhnlich idyllischer Lage: Die innerstädtische Mühleninsel mit Amtsteich und Parkanlage liefert eine herausragende Kulisse für das Kraftwerk. Es zählt zu den bedeutendsten Industriedenkmälern im Land Brandenburg. Seit 2008 beherbergt das Gebäude das Kunstmuseum der Brandenburgischen Kulturstiftung Cottbus.

Seit dem Ersten Weltkrieg war der Bedarf an elektrischer Energie aufgrund wachsender Anschlusszahlen und Mengenanforderungen stetig gestiegen. Da die bisherige Versorgung durch das Wasser- und Dampfkraftwerk am Mühlengraben nicht mehr ausreiche, beschloss die Stadt den Neubau eines Kraftwerks, das mit einer ungewöhnlichen technischen

Blick über den Amtsteich

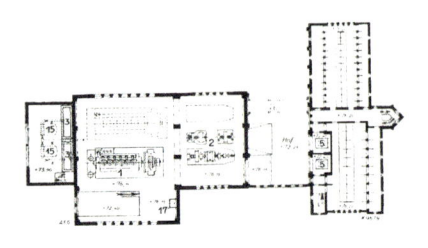

Grundriss Erdgeschoss, 1927

Ausstattung bestückt wurde: Der Generator wurde von einem Dieselmotor angetrieben.

Innerhalb von nur elf Monaten Bauzeit entstand der Stahlskelettbau mit rotbraunen Verblendklinkern. Die Baupläne stammen von dem berühmten Industriearchitekten Werner Issel, der als Mitarbeiter der AEG und im eigenen Berliner Büro im Laufe seines Lebens deutschlandweit mehr als 80 Kraftwerke entwickelte.

Schalthaus, Detail

Issel untergliederte die Anlage in drei funktionsspezifische Bauteile: Maschinenhaus, Umformerhaus und Schalthaus mit über Eck gestelltem Ableitungsturm.

Die Schauseite nach Süden beeindruckt durch ihre stark vertikal ausgerichtete Gliederung. Höchst feinsinnig sind die Ziegelflächen gestaltet: Flache Giebelfelder, schlanke Fensterbahnen, abwechslungsreiches Ziermauerwerk, halbtransparente Maßwerkflächen und offene Arkadengänge verleihen dem industriellen Zweckbau Erhabenheit und Eleganz. Auf eindrucksvolle Weise werden Elemente der Neuen Sachlichkeit, des Expressionismus und des konservativen Neoklassizismus miteinander kombiniert und fügen sich zu einem harmonischen Zusammenspiel.

Wenngleich die technische Ausstattung des Kraftwerks nicht mehr vorhanden ist, so sind doch die hellbelichteten Maschinenhallen und Werkräume als Zeugnisse damaliger Modernität im Industriebau noch heute erlebbar. Sie bilden nun den Umraum einer beeindruckenden Museumsarchitektur des Berliner Büros Anderhalten. **NB**

1959 wurde das Kraftwerk stillgelegt, 1976 als Denkmal eingetragen. 2005–2008 erfolgte der Umbau zum Museum durch Anderhalten Architekten, Berlin. Bauherr war die Stadtverwaltung Cottbus.

Die Öffnungszeiten des Kunstmuseums der Brandenburgischen Kulturstiftung Cottbus sind: Di. bis So. 10–18 Uhr, Mi. 10–20 Uhr, Mo. geschlossen. Weitere Informationen unter: www.museum-dkw.de.

Maschinenhaus, Detail

Feuerhauptwache
(heute Feuer- und Rettungswache 2)

Ewald-Haase-Straße 3

Lageplan Cottbus: Nr. 3

Bauzeit: 1929–1930

Architekten: Helmuth Schröder und Kurt Grundmann

Bauherr: Stadt Cottbus

1928 bewilligte die Berliner Girozentrale der Cottbuser Feuerwehr einen Kredit über 280.000 RM für den Bau einer neuen Hauptwache. Sie wurde dringend benötigt, denn die alten Depots waren hoffnungslos überbelegt und nicht für die inzwischen motorisierten Lösch- und Rettungsfahrzeuge konzipiert. Innerhalb eines Jahres entstand eine moderne Feuerwache, die seinerzeit hinsichtlich Architektur und technischer Ausstattung zu den innovativsten Funktionsbauten der Provinz Brandenburg gehörte.

Eindrucksvoll präsentiert sich das gestaffelte Gebäude in dunkelrotem Klinker an einer weiten Straßenkreuzung. Den markanten Bau beherrscht ein 22 Meter hoher Turm mit zwei filigranen Uhren. Er wird im Süden flankiert von einem zweigeschossigen Depottrakt, der 1967/68 um fünf Achsen erweitert wurde. Im Norden schließt sich ein stattliches Mehrparteienhaus an, das bis an die Straßenflucht heranreicht.

Formal entspricht die Feuerwache ganz den Idealen des Neuen Bauens: Kubische Formen in Höhen- und Tiefenstaffelung, Flachdächer, bandartig gereihte Fenster und Tore und undekorierte Mauerflächen prägen sein Erscheinungsbild. Zudem sind die drei Gebäudetrakte nach ihren technischen Funktionen disponiert:

Im Depot liegt die Fahrzeug- und Gerätehalle sowie das ehemalige Telegraphenzimmer mit einer einst hochmodernen Feuermelde- und Fernsprechzentrale. Der Turm diente dem Hängen und Trocknen der Druckschläuche. Nach dem Brandeinsatz wurden sie in einer Schlauchwäsche maschinell gereinigt und anschließend per Elektrozug direkt in den Turm gezogen, wo sie an einem Rost hängend trockneten. Der Turm diente auch den Feuerwehrleuten zu Trainingszwecken: Dafür befanden sich an der Hofseite neun Steigerfenster für Kletter-, Abseil- und Leiterübungen.

Das separate Hofgebäude war einst eine Sanitätswache: Krankenwagen-Stellplätze, eine Wagenwasch- und Reparaturanlage sowie vier Desinfektionsräume, in denen sich die Einsatzkräfte nach dem Transport von ansteckenden Kranken reinigen konnten, waren hier eingerichtet. Selbst für die Unterbringung von Mitarbeitern war im Neubau der Feuerwehr gesorgt: Der Oberfahrer und Wagenwart fand im Obergeschoss ein Zuhause, verheiratete Wachleute in neun Dreizimmerwohnungen im Hauptgebäude. **NB**

Straßenfassade

Der niedrige Anbau im Gebäudewinkel wurde erst in den 1960er Jahren ergänzt, Eisentore und Holzfenster wurden nach 1990 gegen Kunststoffelemente ausgetauscht. Die Feuer- und Rettungswache 2 bildet heute den Standort der Freiwilligen Feuerwehr Sandow, der Johanniter-Unfall-Hilfe und des Deutschen Roten Kreuzes. Eine Besichtigung des Gebäudes ist auf Anfrage in der Feuer- und Rettungswache 1 in der Dresdener Straße 48 (Tel.: 0355-5290605) möglich.

Ansicht von Südwest, um 1930

Volksschule VII
(heute Bauhausschule)

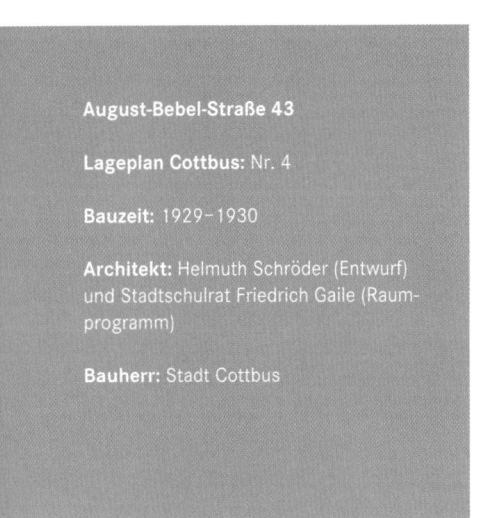

August-Bebel-Straße 43

Lageplan Cottbus: Nr. 4

Bauzeit: 1929–1930

Architekt: Helmuth Schröder (Entwurf) und Stadtschulrat Friedrich Gaile (Raumprogramm)

Bauherr: Stadt Cottbus

Unter dem Einfluss modernster Architekturströmungen gelang dem Cottbuser Architekten Schröder ein beachtenswerter Schulhaus-Entwurf. Mächtig präsentiert sich der viergeschossige Stahlskelettbau mit Flachdach, der sich allseits sehr ausgewogen proportioniert zeigt. Während die Straßenfassade flächig ausgebildet ist, überrascht die Hoffassade durch eine komplexe Staffelung von Baukörpern. Auffallend sorgfältig ist die Klinkerverblendung gemauert. Sie gibt dem streng symmetrischen Bau gemeinsam mit den wandbündigen Fensterbändern eine klare, reine Struktur.

Hochmodern waren seinerzeit aber nicht nur die Architektur und die bauliche Ausstattung der Schule. Auch das Raumprogramm wich erheblich von gewöhn-

Fassade zu Schulhof und Sportplatz

Bereits dreimal wechselte die Schule ihren Namen: Sie wurde als „Volksschule VII" geplant, als „Bismarckschule" eingeweiht und wird seit den 1960er Jahren als „Bauhausschule" bezeichnet. Die heutige Benennung leitet sich aus ihrem äußeren Erscheinungsbild ab: Die Cottbuser Volksschule erinnert in vielen Baudetails an das weltberühmte Dessauer Bauhausgebäude des Staatlichen Bauhauses. Es war 1926 nach Entwürfen von Walter Gropius entstanden.

Von verblüffender Ähnlichkeit sind etwa die Treppenanlagen. Sie besitzen eine ähnliche Grundform und werden ebenfalls durch große Glasfronten hell belichtet. An das Bauhausgebäude in Dessau erinnern ebenso die farblich unterschiedlich gestrichenen Geschosse zum Zweck einer besseren Orientierung.

lichen Volksschulbauten ab. Erstaunlich etwa ist, dass es neben der Vielzahl von Klassenräumen eine eigene Aula gab, zudem zwei Turnhallen, verschiedene Werkräume sowie zwei Dachterrassen. Alle Räume, einschließlich der Foyers und Flure, wurden großzügig angelegt und sind hell belichtet. Für damalige Verhältnisse außerordentlich war zudem die gleichwertige Aufteilung der Unterrichtsbereiche von Mädchen und Jungen auf den rechten und linken Trakt.

Die Bauhausschule in Cottbus gilt heute als eines der bedeutendsten Beispiele des Neuen Bauens in Brandenburg – bereits in ihrer Entstehungszeit fand sie überregionale Beachtung. **NB**

Hoffassade, Detail

Straßenfassade, Detail

Das Gebäude wurde nach jahrzehntelangem Verfall 1994–98 grundlegend instandgesetzt und saniert. Die Bauhausschule Cottbus ist heute eine Grundschule und Schule mit dem sonderpädagogischen Förderschwerpunkt „körperliche und motorische Entwicklung". Eine Besichtigung des Gebäudes ist auf Anfrage bei der Schulverwaltung möglich (www.bauhausschule.de).

Lehrerwohnhaus (heute Büro- und Wohnhaus)

August-Bebel-Straße 44

Lageplan Cottbus: Nr. 5

Bauzeit: 1930–1931

Ausführung: Deutsche Stahlhaus GmbH Gletwitz, Staußziegelgewerbe-Verkaufsgesellschaft mbH Cottbus und Maurermeister Erling

Bauherr: Stadt Cottbus

Kaum 25 Jahre liegen zwischen der Errichtung des Lehrerwohnhauses und der des Nachbarhauses in Jugendstilformen. Der scharfe Kontrast in der Gestaltung der beiden Fassaden veranschaulicht beispielhaft den radikalen Stilwandel, der sich zwischen Kaiserzeit und Weimarer Republik insbesondere durch den Einfluss des Bauhauses vollzogen hatte.

Die Fassade des Jugendstilbaus ist plastisch stark durchgebildet, besitzt einen dekorativen Farbverputz und einen bewegten Dachaufbau. Hingegen wirkt das Lehrerhaus durch die Flächigkeit der Bauelemente, die unstrukturierte, helle Putzfläche und das Flachdach sachlich und nüchtern. Hier gliedern lediglich bündige Fenstergruppen, Miniaturfenster und eine schlichte Eingangstür die Fassade. Allein die ausgewogene Anordnung der Öffnungen und deren kräftige Holzrahmen mit rot-blau-weißem Anstrich verleihen dem Gebäude seine besondere Präsenz.

Das Mehrparteienhaus dokumentiert eindrücklich die Abkehr von traditionellen Bauweisen und die damals intensive Suche nach technischen Neuerungen im Wohnungsbau:

Bei dem Cottbuser Gebäude handelt es sich um einen Stahlskelettbau. Wände und Decken wurden aus Schlackenbeton gefertigt. Experimentalbauten in Stahlkonstruktion waren seit 1926 in Deutschland vereinzelt entstanden und weckten auf Seiten der Industriebetriebe und Baufirmen allgemein große Erwartungen. Man erhoffte von der Industrialisierung des Bauwesens wirtschaftlichen Aufschwung und die wirksame Bekämpfung der stetig steigenden Wohnungsnot. So ist das von der Stadt Cottbus finanzierte, für Lehrer der benachbarten Schule (> Volksschule VII) konzipierte und von lokalen Baufirmen ausgeführte Gebäude ein wichtiger Vertreter aus der Frühphase des industriellen Wohnungsbaus. **NB**

Ansicht von Westen

Eine Besichtigung des Gebäudes (EG) ist auf Anfrage im Büro Professor Pfeiffer und Partner, Ingenieurbüro für Tragwerksplanung möglich (Frau Spindler 0355-49485-0).

Straßenfassade

Walther-Rathenau-Gymnasium
(heute Walther-Rathenau-Grundschule)

Senftenberg
Walther-Rathenau-Straße 6–8

Bauzeit: 1931–1932

Architekten: Bruno Taut (Planung), Max Taut und Franz Hoffmann (Ausführung)

Bauherr: Stadt Senftenberg

Am Ende der Weimarer Republik standen neben den Siedlungen auch Bildungsbauten im Zentrum der städtischen Baupolitik. Die prekäre Schulraumfrage offenbarten das 1906 als höhere Knabenschule gegründete Reformrealgymnasium, das im Schloss untergebracht war und der Plan, die städtische höhere Mädchenschule mit dem städtischen Ilse-Lyzeum räumlich zu vereinen.

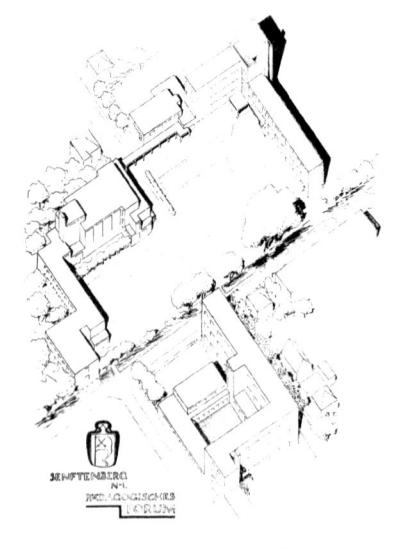

Bruno Taut, Wettbewerbsentwurf für das pädagogische Forum in Senftenberg, 1931

Wie Berlin ein republikanisches Forum und Brandenburg ein Wohlfahrtsforum, sollte Senftenberg ein Bildungsforum als neues städtebauliches Zeichen erhalten. Von der ehrgeizigen Idee Gymnasium, Lyzeum, Jugendheim, Theatersaal sowie Berufs- und Handelsschule in einer architektonisch-räumlichen Komposition zu vereinen, zeugt heute das ehemalige Rathenau-Gymnasium. Es verkörpert nur den ersten Bauabschnitt des städtischen Forums, dessen Gesamtarchitektur aufgrund der Krise und der Notverordnungen nicht vollendet werden konnte.

Wettbewerbe von 1914 bis 1931, an denen zuletzt namhafte Architekten wie Bruno und Max Taut sowie Willi Ludewig teilnahmen, belegen die konsequente Orientierung am Neuen Bauen nach dem Vorbild Otto Haeslers in Celle.

Bruno Taut entwarf in Beziehung zur umgebenden Landschaft der Laugk-Ebene einen drei- und viergeschossigen Flügel über L-förmigem Grundriss mit flachen Dächern und einem Treppenhaus-Eckbau im Scheitel. Dieser, betont durch den farbigen überragenden Schornstein, enthält den Haupteingang und im obersten Geschoss den Zeichenraum mit halbüberdachter Terrasse zum Zeichnen, für astronomische Beobachtungen sowie für Gymnastik und Sonnenbäder. In der dritten Etage plante Taut, gut beleuchtet, die von Mädchen und Jungen gemeinsam nutzbaren naturwissenschaftlichen Kabinette und den Musikraum. Im Vorraum zur einstigen Turnhalle, die zum Stadttheater umgebaut wurde, zeigte ein in der NS-Zeit zerstörtes Wandbild des Dresdener Malers Karl Hofer die Arbeit im Tagebau. Die in gelben Ilse-Klinkern ausgeführte Fassade setzt einen Kontrast zu den schwarz-blauen Klinkerrahmungen der Fenster, die das „ruhige Spiel der klaren Massen" betonen. Ursprünglich vermittelten Hecken, Grünraum und Lehrgärten der Gartenarchitektin Käte Meyer sowie eine lange Pergola von Max Taut den Übergang zum Stadtraum. Letzterer vollendete, während sich sein Bruder in Moskau aufhielt, den Bau, der am 20. April 1932 übergeben und nach Walther Rathenau benannt wurde. **SD**

Gesamtansicht

Haupteingang

Rathenau-/Ecke Laugkstraße

Katholische Volksschule
(heute: Verwaltung des Klinikums Niederlausitz)

Senftenberg
Calauer Straße 3

Bauzeit: 1932–1933

Architekten: Max Taut und Franz Hoffmann

Bauherren: Katholische Kirche und Stadt Senftenberg

In Senftenberg hatte sich seit Ende des 19. Jahrhunderts mit dem an die Stadt grenzenden Braunkohletagebau der Gruben Ilse und Marga ein stadtbildprägender Industriefaktor herausgebildet, der einen Bevölkerungszuzug vor allem aus den schlesischen Gebieten und einen Bedarf an konfessionellen Schulen nach sich zog. Schon 1913 war der Bau einer katholischen Schule geplant, der nicht über die Grundmauern hinausgelangte. Die siebenstufige katholische Volksschule mit elf Klassen verfügte damals nur über vier Räume, vier weitere konnten in der evangelischen Volksschule genutzt werden. Diesem über 20 Jahre anhaltenden Missstand wollte der damalige Rektor Georg Schindler 1931 sogar durch die Niederlegung seines Amtes begegnen.

Als am 20. April 1932 das Walther-Rathenau-Gymnasium und Lyzeum übergeben wurde, legte man am gleichen Tag den Grundstein für die katholische Volksschule. Ihr Architekt, Max Taut, hatte sie in räumlicher Beziehung zur Kirche und im Unterschied zu dem symmetrisch-hierarchischen Vorentwurf des Frankfurter (Oder) Architekten Otto Peter radikal funktionalistisch entworfen. Geplant war auch ein anschließendes Gemeindehaus, das nicht realisiert wurde.

Die flachgedeckte Schule besteht aus einem dreigeschossigen Flügel mit breit vorgelagerter Sonnenterrasse und einem etwas höheren, quergestellten Kopfbau. Breite, feinteilig gegliederte Fensterfronten und farbige Details kontrastieren die Mauerflächen aus gelben Ilse-Klinkern. An der optischen und architektonischen Schnittstelle von Längs- und Querriegel liegt asymmetrisch der eingezogene Eingang, den außen eine orange-rote und innen eine schwarze Säule, die als Wegweiser dient, markieren. In enger Zusammenarbeit von Schulleitung und Architekt entstand das Raumprogramm, das außer

Schule von Südwesten, 1933

sechs Klassenzimmern, Vorbereitungsraum sowie Lehrer- und Rektorenräumen ein Physikkabinett, eine Speise- und Lehrküche und eine Werkstatt beinhaltete. Im Obergeschoss dominierte im Querflügel ein großer, gut belichteter Saal mit Schiebewand und einem Zugang zur Terrasse für Zeichen-, Musik- und Handarbeitsunterricht. Wie das Rathenau-Gymnasium entsprach auch diese kleinere Schule formal und funktional dem Dialog von Farbe und Material sowie der Verbindung von Neuem Bauen und Reformpädagogik. **SD**

Entwurf von Max Taut für die katholische Schule mit Gemeindezentrum, 1932

Ansicht von Südwesten

Siedlung „Grundhof"

**Lauchhammer
Grundhof 1–43**

Bauzeit: 1919

Architekten: Bruno Möhring und Rudolf Eberstadt

Bauherr: Siedlungsgesellschaft „Heimat"

Lauchhammer hat eine lange Bergbautradition. Um 1900 setzte in der Region ein industrieller Aufschwung ein, der zur Unterversorgung an Wohnraum für die zugezogenen Arbeitskräfte führte. In diesem Zusammenhang entstand die reizvolle, in sich geschlossene Siedlung „Grundhof" zwischen dem Dorf Bockwitz und der Brikettfabrik Marie-Anne im heutigen Ortsteil Lauchhammer-Mitte.

Den Entwurf machten Bruno Möhring (1863–1929) und Rudolf Eberstadt (1856–1922). Beide hatten schon beim Wettbewerb für Groß-Berlin 1908–10 zusammengearbeitet. Möhring, Architekt und Gründungsmitglied des Deutschen Werkbundes, wurde vor allem mit Brücken und Industriebauten bekannt. Eberstadt, Professor am Städtebauseminar der

Zeichnung, um 1919

Torhäuser

Technischen Hochschule Charlottenburg, war der Spezialist für Wohnungsbau. Er befasste sich vor allem mit ökonomischen und sozialen Fragen des Wohnungsbaus. Wie andere zeitgenössische Reformer hatte er sich intensiv mit der Gartenstadtidee auseinandergesetzt. Das spiegelt sich auch im Grundhof deutlich wider.

Die Häuser waren für Arbeiter und Beamte bestimmt und hatten jeweils Gärten und Stallungen für die Eigenversorgung. Noch heute sind diese Anlagen ablesbar. Den Kern bildet ein nach englischem Vorbild errichteter „Wohnhof" im Reihenhaussystem mit Ein- und Zweifamilienhäusern. An den Schmalseiten sind sie als Kopfbauten ausgebildet und fassen eine zentrale, in Nord-Süd verlaufende Achse ein. Eine Querachse verbindet die Mittelbauten der Reihenhäuser, die mit Zwerchgiebeln und Lauben besonders betont sind. Dort befanden sich die zentralen, gemeinschaftlichen Waschhäuser, die rückwärtig einen Hof mit Trockenplatz hatten. Nicht die offene, von gekrümmten Wegen durchsäumte Bebauung war hier die Gestaltungsidee, sondern die geschlossene und geordnete Siedlungseinheit.

Besonders charakteristisch sind die Bogendächer der Siedlung. Die hier verwendete Bohlenbinderkonstruktion hatte vor allem David Gilly (1748–1808) um 1800 propagiert und im „Handbuch der Landbaukunst" verbreitet. Ein Vorteil der Dachkonstruktion war die sparsame Materialverwendung und die größtmögliche Nutzung des Dachraumes. Nicht zuletzt ist auch die Reihenbauweise aus wirtschaftlichen Gründen gewählt worden, was gerade in der Zeit kurz nach dem Ersten Weltkrieg eine große Rolle spielte. Ohne die hohen staatlichen Zuwendungen, die die Gesellschaft erhielt (Teuerungszuschüsse von insgesamt 410.000 Mark), wäre das Projekt sicher nicht realisiert worden. Nach der umfassenden Sanierung hat die Siedlung heute eine hohe Wohnqualität.

UL

In der Nähe von Lauchhammer errichteten Bruno Möhring und Rudolf Eberstadt fast zeitgleich eine weitere Siedlung, den sog. „Wandelhof" im heutigen Schwarzheide. Auch diese Siedlung ist symmetrisch angelegt, die Häuser unterscheiden sich vom Grundhof aber durch Laubengänge und steile Satteldächer. Nur etwa die Hälfte von der ursprünglichen Planung wurde ausgeführt. Vielfache Eingriffe in die Bausubstanz haben den ursprünglichen Charakter stark verändert (Schwarzheide, Kolonie „Am Wandelhof", Ruhlander Straße).

Ansicht von Nordwesten

Märchenhaus

Finsterwalde
Friedrich-Hebbel-Straße 16–22

Bauzeit: 1928–1929

Architekt: Karl Dassel

Bauherr: Stadt Finsterwalde

Mit der vom Bergbau angeschobenen Industrialisierung erlebte die Tuchmacherstadt Finsterwalde im 19. Jahrhundert einen Aufschwung, aus dem Impulse für die Architektur folgten. Bereits vor 1914 baute Max Taut eine Schule, ein Kinderheim und einen Flügel der Weberei Koswig. Auf die Wohnungsnot nach dem Krieg reagierte die Stadt energisch. So entstanden 1924–29, zum Teil gefördert mit Mitteln der Hauszinssteuer, 605 Wohnungen. Eine der ersten Aufgaben des neuen Stadtbaurats Dassel bestand in der Schließung eines ausgedehnten Wohnkarrees.

Das von ihm entworfene Haus in der Friedrich-Hebbel-Straße 16–22 wies mehr Komfort auf als die nur wenig ältere Umbauung. Seine 24 Zweizimmerwohnungen besitzen Wohnküche und Bad. Treppengeländer und Wohnungstüren sind markant farbig gefasst. Zum Hof gehen breite Loggien, denen die Treppenhaustürme vertikale Akzente entgegensetzen. In einem Kommentar von 1942 wird dem Haus zugute gehalten, dass es „nur scheinbar dachlos" sei. Während an der Rückseite die Dachneigung deutlich wird, betont zur Straße hin der breite, um Verschattung zu vermeiden ohne Gesims ausgebildete Mittelrisalit den blockhaften Charakter.

Hier stellen 27 Reliefs, bilderbogenartig und in die horizontale Struktur der vor- und zurückspringenden Ziegel eingespannt, Szenen aus Grimms Märchen dar; die Anregung kam vom Ischtartor in Babylon. Sie sind das Werk der Dresdner Bildhauer Johannes Ernst Born, Paul Wachs und Paul Lindau, die frei aus dem Ton heraus modellierten, wobei die Ziegelei-Arbeiter Modell standen.

Im Folgejahr plante der Architekt die Siedlung Bergmühle – schlichter und dabei konservativer als etwa die kubi-

Hofseite von Osten

Straßenseite von Westen

schen Wohnzeilen von Willi Ludewig an der Friedenstraße. Dassel, den die Nazis als SPD-Mitglied aus dem Amt entfernten, schuf 1937, wieder mit Born, an der Marktschänke eine weitere von einem figürlichen Ziegelrelief akzentuierte Fassade. Einzigartig bleibt das Märchenhaus mit der Verbindung von Funktionalität und identitätsstiftender Schmuckfreude. **AB**

Teil der „Märchenwand"

„Hänsel und Gretel"

Siedlung der Gewoba

Finsterwalde
Friedenstraße, Tuchmacherstraße, Triftstraße

Bauzeit: 1927–1928

Architekten: Willy Schoenfelder und Willi Ludewig (Betreuung: Märkischer Wohnungsbau GmbH)

Bauherr: Gewoba Finsterwalde

Der starken Zersiedelung aus der Industrialisierungsphase Finsterwaldes im 19. Jahrhundert sollte in der Weimarer Republik unter Stadtbaurat Karl Dassel eine planvolle städtebauliche Verdichtung, insbesondere nordwestlich des Stadtzentrums folgen. Dassel betonte ab Mitte der 1920er Jahre neue Wege im baulichen Gestalten, die in der einfachen und klaren Form lägen. Am deutlichsten zeigte sich dieser Impuls an der Siedlung in der Friedenstraße, die von der 1926 gegründeten örtlichen Gewoba initiiert und von der Berliner Märkischen Wohnungsbau GmbH erst durch Willy Schoenfelder, dann durch Willi Ludewig planerisch betreut wurde.

Der Magistrat hatte der Gewoba ein 12.242 Quadratmeter großes Erbpacht-Bauland parallel zur Eisenbahnlinie über-

Wohnzeile an der Friedenstraße mit Laden, Ansicht von Osten

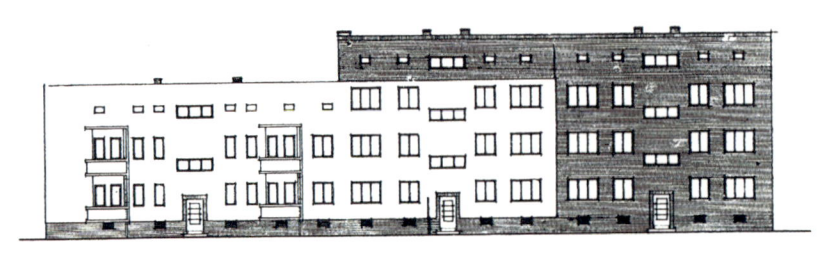

Fassadenentwurf in charakteristischer Materialästhetik

Rahmende Bebauung an der Tuchmacher- und Friedenstraße

lassen. Im Zentrum der Anlage stehen vier kompromisslos moderne Zeilen, die 1928 den architektonischen Richtungswechsel signalisieren. Ludewig, als seinerzeit wichtigster Siedlungsarchitekt in der Mark Brandenburg, entwarf Wohnzeilen in Ost-West-Richtung mit flachen Dächern und Balkonen. Er gliederte die Bauten raffiniert durch räumlich unterschiedlich wirkende Materialien, indem er einen verputzten zweigeschossigen Riegel wie ein Scharnier in einen dreigeschossigen Backsteinkubus einschob. Abgerückt von der Straße stehen sie von Hecken gerahmt zwischen großzügigen Grünflächen. Von der geplanten Anlage wurde zwischen 1927 und 1928 nur der nördliche Bauabschnitt realisiert, der insgesamt 108 Wohnungen mit überwiegend zweieinhalb und dreieinhalb Räumen sowie einen Laden umfasst. Die Ausstattung mit Bädern und Zentralheizung, zudem mit Waschküchen und Trockenplätzen auf den Dachböden und einer Heizungsanlage im Keller, war in dieser Zeit wegweisend.

Die Siedlung rahmen traditionsgebundene Bauten mit Walmdächern. Den Auftakt bildet das zwei- und dreigeschossige Eckhaus von 1927 an der Frieden- und Tuchmacherstraße mit der markanten vertikal gefalteten Ecke von Willy Schoenfelder. Nach diesem Vorbild entstand 1938 das bauliche Pendant auf der gegenüberliegenden Straßenseite nach Plänen Karl Dassels. **SD**

In Finsterwalde befindet sich ein zweiter beachtenswerter Bau des Architekten Willi Ludewig: das Haus des Konsumvereins von 1928 an der Ecke Am Wasserturm 11/ Wilhelm-Liebknecht-Strasse 20.

Zeilenbauten an der Friedenstraße, Ansicht von Westen

Wohnhaus Dr. Estrich

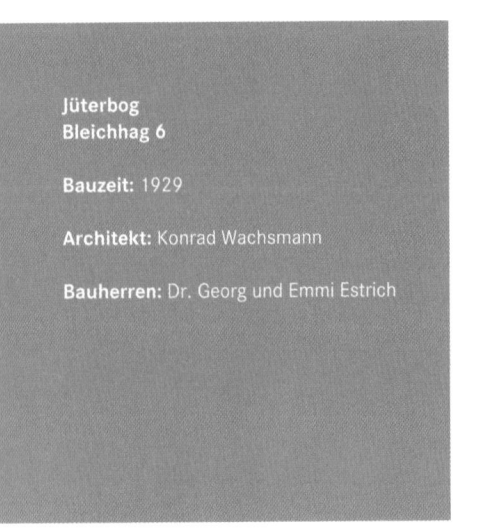

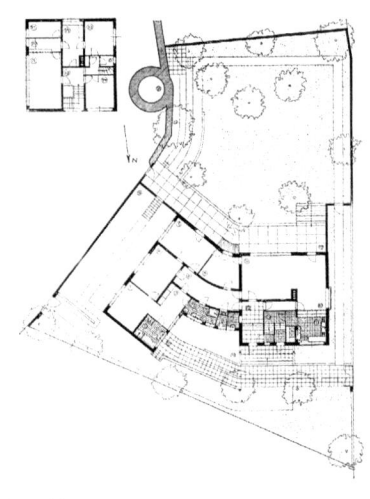

**Jüterbog
Bleichhag 6**

Bauzeit: 1929

Architekt: Konrad Wachsmann

Bauherren: Dr. Georg und Emmi Estrich

Grundriss

Konrad Wachsmann ist für seine Holzhäuser bekannt geworden, die er für die Firma Christoph & Unmack in Niesky entwickelte. Kaum bekannt ist das Wohnhaus Estrich in Jüterbog. Es ist sein einziges Haus in Massivbauweise.

Auftraggeber war der Arzt Dr. Georg Estrich, der ein Grundstück an der mittelalterlichen Stadtmauer erworben hatte, um sich dort ein Wohnhaus mit Arztpraxis bauen zu lassen. Der Bauherr wünschte für sich und seine Familie ein funktionales Haus in modernen Formen, das Bezug zur historischen Situation nimmt und die Stadtmauer mit dem runden Geschützturm einbezieht. Es sollte eine große Sonnenterrasse haben.

Wachsmanns Entwurf sah zwei Haushälften vor, einen an der Straße gelegenen zweigeschossigen, kubischen Baukörper und einen eingeschossigen, geschwungenen Wohntrakt. Im Grundriss wurden die Baukörper verklammert, um das gesamte Erdgeschoss dem Wohnbereich vorzubehalten. Die Arztpraxis war mit eigenem Eingang und Treppenhaus im Obergeschoss des Vorderhauses eingerichtet. Auf diese Weise wurde das Gebäude nach den beiden Funktionen Wohnen und Arbeiten – privat und öffentlich – streng getrennt. Der Garten war ganz dem privaten Bereich vorbehalten und weder von außen noch von der Praxis aus einsehbar.

Von der Straße aus wirkt das Haus mit Zeltdach zunächst eher konventionell. Erst beim genauen Betrachten erschließt sich seine Modernität: so ist die Organisation der Räume außen sichtbar, die Fassaden sind flächig behandelt, Materialien wie Glasbausteine kamen zum Einsatz. Große, quer liegende Fenster und Oberlichter sorgen im Wohn- und Praxisbereich für gute Belichtung und öffnen den Blick in die Umgebung.

Haus und Garten gehen eine enge Verbindung ein. Der ungewöhnliche fächerförmige Grundriss des Hauses passt sich dem trapezförmigen Grundstück an. Immer wieder gibt es Sichtbezüge und Blickachsen. Eine Mauer verlängert die südseitige Hausfront bis zur Stadtmauer und fasst den Garten ein. Sie gliedert und schafft Intimbereiche. Eine durchgehende Sonnenterrasse ist das Verbindungsglied zwischen Innen- und Außenraum.

Das Haus Estrich ist in Jüterbog ein außergewöhnlicher Bau. In ihm verbinden sich traditionelle Formen mit modernen Konzepten und höchst individuellem Wohnen. Es steht beispielhaft für die Phase des Experimentierens mit neuen Grundrissen, Formen und Materialien. Für Konrad Wachsmann nahm das Haus auch noch in späteren Jahren einen bedeutenden Platz ein. **UL**

Blick auf Wohnhaus und Arztpraxis

Ansicht von der Gartenseite, um 1930

Flur im Wohnbereich, um 1930

Nachdem Georg und Emmi Estrich 1945 auf der Flucht vor der Russischen Armee das Haus verlassen mussten, befindet es sich heute wieder im Besitz der Familie Estrich. Der Eigentümer bietet auf Anfrage ein bis zwei Mal im Jahr eine geführte Besichtigung an. Kontakt kann über den Initiativkreis Albert Einstein-Haus e.V. (www.sommeridyll-caputh.de) oder direkt mit dem Eigentümer (nils.estrich@hkag.li) aufgenommen werden.

Luckenwalde

Die 50 Kilometer südwestlich von Berlin gelegene Stadt Luckenwalde war seit Mitte des 19. Jahrhunderts ein bedeutender Industriestandort für Tuch- und Hutfabrikation, Maschinenbau, Papier-, Holz- und Schuhindustrie. In der Weimarer Republik erlebte sie ihre größte Blüte. Die Stadt profitierte wirtschaftlich und gesellschaftlich von der Nähe zu Berlin und Potsdam. Junge, progressive Architekten wirkten hier: Erich Mendelsohn, Richard Neutra und Hans Hertlein. Sie hinterließen in Luckenwalde herausragende Zeugnisse der Moderne.

Als Arbeiterstadt war Luckenwalde sozialdemokratisch. Unter der Direktive von Baustadtrat Josef Bischof setzte die Stadt schon ab 1918 ein ungewöhnlich umfangreiches, aber auch stark reglementiertes Bauprogramm zur Behebung der Wohnungsnot um. Zwischen 1919 und 1923 wurden über 400 Wohnungen errichtet, eine Zahl, die in keiner anderen Stadt der Provinz erreicht wurde. Die durchaus riskante Finanzierung erfolgte durch die Hauszinssteuer, hauptsächlich jedoch mittels einer Hypothekenanstalt, die vom Stadthaushalt finanziert wurde. Eine städtische Bauberatungsstelle nahm auf die architektonische Gestaltung Einfluss. Ab 1925 lenkte die städtische Bauverwaltung mit einem Stadtbaumeister das Baugeschehen. In dieser Zeit erreichte auch die Modernisierung der sozialen Infrastruktur ihren Höhepunkt. Noch heute wird das Stadtbild geprägt durch die kommunalen Bauleistungen dieser Zeit, die für die vergleichsweise kleine Stadt in Quantität und Qualität äußerst bemerkenswert sind. **UL**

Im Rahmen des EU-Stadtentwicklungsprogramms URBAN II hat die Stadt Luckenwalde zur Architektur der 1920er Jahre „Merkzeichen" im öffentlichen Raum aufgestellt. Der Rundgang „Luckenwalde und die Moderne" beginnt beim Stadttheater. Vertiefende Informationen zur Stadtbaugeschichte der Weimarer Republik gibt die ständige Ausstellung des Heimatmuseums Luckenwalde. Öffnungszeiten unter: www.luckenwalde.de.

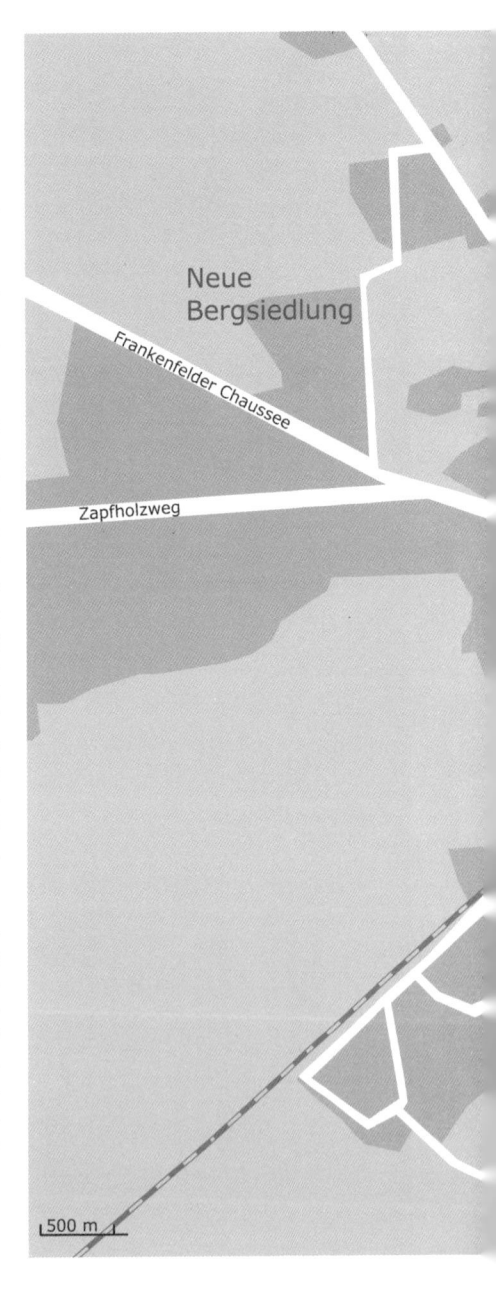

1 Siedlung am Anger
2 Volksheim-Siedlung
3 Stadttheater und Doppelvolksschule (heute Friedrich-Ebert-Grundschule)
4 Stadtbad
5 Hutfabrik Friedrich Steinberg Herrmann & Co.

Siedlung Am Anger

Am neuen Damm, Am Anger, Am Wall, Am Eiserhorstweg

Lageplan Luckenwalde: Nr. 1

Bauzeit: 1919–1925

Architekten: Josef Bischof unter Mitarbeit von Richard Neutra, Hans Graf und Wilhelm Franke

Bauherr: Gemeinnützige Siedlungsgenossenschaft eGmbH, Stadt Luckenwalde

Die Siedlung Am Anger gehört zu den ersten genossenschaftlichen Siedlungen, die nach dem Ersten Weltkrieg in Brandenburg gebaut wurden. Beamte und Handwerker hatten sich am 9. September 1918 zusammengeschlossen und die Gemeinnützige Siedlungsgenossenschaft ins Leben gerufen, der bald darauf auch bessergestellte Arbeiter beitraten.

entstehen. Ein natürlicher baumbestandener Teich bot die ideale Voraussetzung für die Planung der halbländlichen Siedlung. Die Häuser wurden an die natürliche Umgebung angepasst und so im Rückgriff auf traditionelle Werte eine Anlage in Form eines märkischen Dorfangers geschaffen, welcher der Siedlung ihren Namen gab. Zeitgleich plante Erich Mendelsohn an der Gottower Straße ebenfalls eine Angersiedlung, wovon aber nur vier Reihen- und sechs Doppelhäuser fertiggestellt werden konnten. Die Realisierung des Planes scheiterte an den Zentralisierungsbestrebungen der Stadt.

Die Siedlung Am Anger wurde in städtischer Eigenregie gebaut. Das Stadtbauamt fertigte die typisierten Entwürfe an.

Modell der Siedlung Am Anger

Blick über den Angerteich, historische Aufnahme

Damals lag die Siedlerstelle noch am Stadtrand von Luckenwalde an der Chaussee nach Jänickendorf. Dort sollten nach dem Vorbild der Gartenstädte gesunde und zweckmäßig eingerichtete Wohnungen zu angemessenen Preisen

Insgesamt wurden drei Haustypen entwickelt, die sich architektonisch durch Mansardwalmdächer und die markanten Bohlendächer voneinander unterschieden. Wie beim Grundhof in Lauchhammer griff man aus wirtschaftlichen Gründen auf die um 1800 entwickelte Bohlendachkonstruktion zurück. Sämtliche Dächer waren voll ausgebaut. Es gab Wohnungstypen mit 70 und 90 Quadratmeter Wohnfläche sowie zwei Mietshäuser für Minderbemittelte am Eingang. Auch wenn die Häuer ursprünglich für breite Bevölkerungsschichten gedacht waren, bestand die Bewohnerschaft in der Hauptsache aus dem bürgerlichen Mittelstand. Zur Wohnfläche gehörten Ställe und eine Nutzlandfläche für die Eigenversorgung.

Trotz mancher Veränderungen und der Zuschüttung des Teiches ist die Siedlung noch heute in sich geschlossen erhalten und eine der malerischsten im Land Brandenburg. **UL**

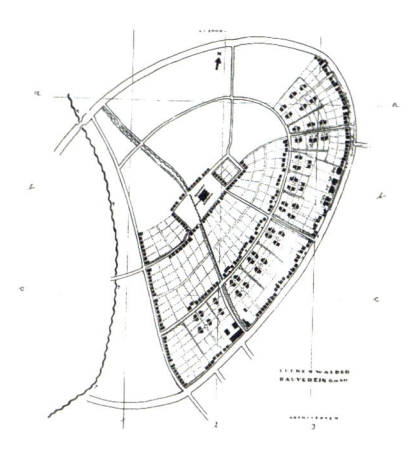

Siedlung in der Gottower Straße

Häuserreihe Am Anger

Blick auf den Torbogen

Volksheim-Siedlung

Zwischen Jänickendorfer Straße, Gottower Straße, Rosa-Luxemburg-Straße und August-Bebel-Platz

Lageplan Luckenwalde: Nr. 2

Bauzeit: 1928–1932

Architekt: Willi Ludewig (Betreuung: Märkischer Wohnungsbau GmbH)

Bauherr: Gewerkschaftshaus- und Volksheim GmbH

Luckenwalde zählte Ende der 1920er Jahre noch ca. 1700 Wohnungssuchende. Zur Errichtung einer Gewerkschaftszentrale und eines Jugendheimes hatten die Luckenwalder Genossenschaftsfunktionäre Johann Bauer und Richard Grasso im Oktober 1927 die Gewerkschaftshaus- und Volksheim GmbH gegründet. Im März wurde deren Gesellschaftszweck geändert und der Bau gesunder Wohnungen zu angemessenen Preisen beschlossen. Diese sollten gemeinnützig auf städtischem Pachtland errichtet und der Spekulation entzogen werden.

In Zusammenarbeit mit der Märkischen Wohnungsbau GmbH plante deren Entwurfsarchitekt Willi Ludewig südöstlich des Stadtzentrums Zeilen mit flachem Dach in Formen der Klassischen Moderne, die einen ruhigen und geschlossenen Eindruck hervorrufen sollten. Ein dreiecksförmiger Platz, den das Heizhaus mit hohem Schornstein und ein Kinderspielplatz bestimmen, bildet das Zentrum der Volksheim-Siedlung. Zweiseitig schließen dreigeschossige, U-förmige Wohnblöcke mit flachem Walmdach und offenen Grünräumen an. In Abänderung der ursprünglichen Planung wurden 1929 die langen, schräg angeordneten Zeilen durch zweigeschossige Zwischenbauten geschlossen. Modernste technische Einrichtungen wie Einbauküchen und die Gemeinschaftswäscherei sollten Frauen die Arbeit erleichtern und gleich den Ausstattungen von Villen und Büros wurde eine Zentralheizung eingebaut. Mitten in der Bauphase pries Max Osborn in der Vossischen Zeitung am 10. September 1929 die Leistungen der Genossenschaft: „Da erhebt sich eine neue Gewerkschaftssiedlung nach Entwürfen des Architekten Ludewig; Häuserreihen mit fast 450 Kleinwohnungen, heiter dreinblickend, klar und geschlossen in der Erscheinung, praktisch und auch erziehlich im Grundriß: planmäßig kleine Küchen, um die Zusammendrängung des gesamten Familienlebens im Kochraum abzubauen."

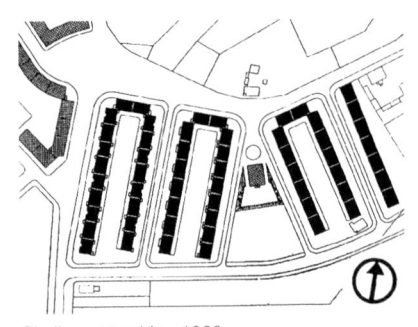

Siedlungsgrundriss, 1929

Ansicht der Siedlung kurz nach Fertigstellung

Fassade der westlichen Karl-Marx-Straße

Die denkmalgeschützte Siedlung, die 2005–2007 saniert wurde, stellte in der Weimarer Republik das größte zusammenhängende Siedlungsgebiet in Luckenwalde dar. Verklinkerte Treppenhausrisalite, Loggien und kubische Balkongruppen lockern die langen Fronten auf und beleben, miteinander korrespondierend, die Straßenzüge. Wegen der hohen Kosten wurden im Laufe der weiteren Bauzeit die Wohnungen verkleinert und die Gestaltungselemente reduziert, bis Hannes Schoof 1936 an den letzten Zeilen nur noch Klinkersockel und vereinfachte Hauseingänge verwendete. **SD**

Rhythmisierende Details

Fassade der östlichen Karl-Marx-Straße

Stadttheater und Doppelvolksschule (heute Friedrich-Ebert-Grundschule)

Theaterstraße 15

Lageplan Luckenwalde: Nr. 3

Bauzeit: 1928–1930

Architekten: Paul Backes, Hans Graf, Rudolf Brennecke

Bauherr: Stadt Luckenwalde

Die rege kommunale Bautätigkeit der Stadt Luckenwalde erreichte mit dem Bau des Stadttheaters und der Doppelvolksschule ihren architektonischen Höhepunkt. Die Stadt hatte im Vorfeld einen beschränkten Wettbewerb ausgeschrieben, an dem auch Bruno Taut teilnahm. Die Entwürfe lösten in der Provinz eine heftige Diskussion über Steil- und Flachdach aus, ähnlich den Debatten, die damals in der gesamten Republik geführt wurden und in den zeitgenössischen Bauzeitschriften dokumentiert sind. Die Entscheidung fiel in Luckenwalde zugunsten eines umgearbeiteten Flachdach-Entwurfs von Hans Graf, den die SPD-Mehrheit der Stadt gegen das Votum der Regierung aus Potsdam durchgesetzt hatte.

Die ungewöhnliche Verbindung von Theaterbau und Schule setzte sich erst im Bauverlauf durch, allerdings war mit der Schule bereits eine Aula für öffentliche Versammlungen geplant worden, womit die Stadt auf das Konzept moderner Mehrzweckanlagen setzte. Viele Schulen dieser Zeit stellten Säle oder Aulen für eine außerschulische Nutzung bereit. In Luckenwalde hat sich bis heute diese Doppelnutzung erhalten.

Den Mitteltrakt bildet die Schule, flankiert von Turnhalle und Theater. Der Bau ist in den Formen der Neuen Sachlichkeit gehalten und ähnlich wie das Stadtbad oder die heutige Bauhaus-Schule in Cottbus aus gestaffelten Kuben zusammengesetzt, welche die jeweiligen Funktionen klar definieren. Der einzige sparsame Schmuck befindet sich im Inneren des Theaters: ein kontrastreich gesetztes expressionistisches Dekor.

Der nach einer gelungenen Instandsetzung heute wieder leuchtend rote Gebäudekomplex mag symbolisch für das „Rote Luckenwalde" der 1920er Jahre stehen. Die Doppelvolksschule war die erste weltliche Schule in der Stadt. Die damals im Unterricht eingeführte Reformpädagogik war allerdings von kurzer Dauer und wurde mit der Machtergreifung der Nationalsozialisten abgesetzt. **UL**

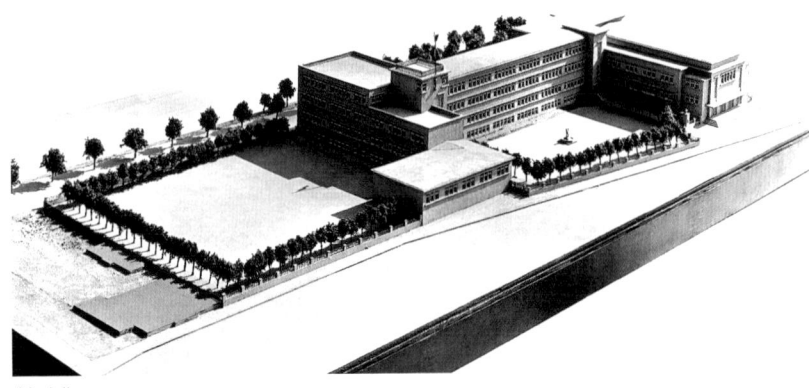

Modell

Die Doppelvolksschule, Blick über den Innenhof

Das Stadttheater

Das zwischen 1991 und 1998 behutsam renovierte Stadttheater kann auf Anfrage mit Führung besichtigt werden.

Zuschauerraum des Theaters, 1999

Stadtbad

Rudolf-Breitscheid-Straße 72a

Lageplan Luckenwalde: Nr. 4

Bauzeit: 1927–1929

Architekt: Hans Hertlein

Bauherr: Stadt Luckenwalde

Außenansicht, 1928

„Der Bau von Hallenschwimmbädern wird vom rein finanziellen Gesichtspunkt nie wirtschaftlich sein. Es ist bisher kaum irgendwie gelungen, Hallenschwimmbäder im Betriebe rentabel zu gestalten," heißt es schon 1931 in Wasmuths Lexikon der Baukunst. Vorbildfunktion erhielt das Bad in Luckenwalde, denn es wurde neben dem Elektrizitätswerk errichtet, um von dessen Dampfanlagen und dem Kühlwasser der Maschinen zu profitieren. Auf die üblichen Dampfkesselanlagen konnte verzichtet werden.

Die Finanzierung erfolgte mit Hilfe eines privaten Investors, der Siemens Bau-Union, einer Tochtergesellschaft der Siemens-Halske AG. Deren Chefarchitekt war seit 1912 Hans Hertlein, der die Architektur des Siemens-Konzerns bis nach dem Zweiten Weltkrieg maßgeblich prägte. Auch für den Entwurf des Luckenwalder Stadtbades zeichnete Hertlein verantwortlich.

Funktionalität und Sachlichkeit bestimmen die Architektur Hertleins in den 1920er Jahren. Der Baukörper des Stadtbads ist spannungsreich aus Kuben unterschiedlicher Größe aufgebaut. Die einzelnen Funktionsbereiche sind deutlich voneinander getrennt angeordnet: die

Schwimmhalle mit Umkleidekabinen, 1928

Schwimmhalle, die mit ihrem markanten Eisenbetonrahmenbinder-Dach an einen Hauptbahnhof-Entwurf von Ludwig Hilbersheimer von 1927 erinnert, der Trakt der Wannenbade- und medizinischen Abteilung und der hoch aufragende Treppenturm. Das Bindeglied ist der zurückspringende Eingangsflügel, dem eine weite Freitreppe vorgelagert ist.

Nach der Fertigstellung wurde das Stadtbad als eines der größten gefeiert: es übertraf sogar das Bad in Steglitz, wo man damals 230.000 Einwohner zählte. Wie im Friedrich-Ebert-Bad in Brandenburg an der Havel war umfangreich für hy

Das Stadtbad ist mit Ausnahme des Saunabetriebs stillgelegt. Eine Besichtigung ist eingeschränkt im Rahmen der Öffnungszeiten möglich.

Eingang

Blick auf den Eingang

gienische und gesundheitliche Anwendungen gesorgt. Das Flachdach konnte als Sonnenterrasse genutzt werden. Damit hatten die Einwohner von Luckenwalde im Rahmen der sozialen Vorsorgung ein herausragendes Bauwerk in Formen des Neuen Bauens erhalten – in der Qualität und Ausführung eines der besten im Land Brandenburg.

Auf einem Sockel vor dem Bad befand sich die „Kauernde" oder „Badende" von Hermann Nonnenmacher. Die Plastik wurde 1933 als „entartete Kunst" entfernt.

UL

„Die Kauernde" vor dem Stadtbad, vor 1933

Hutfabrik Friedrich Steinberg Herrmann & Co.

Industriestraße 1

Lageplan Luckenwalde: Nr. 5

Bauzeit: 1922–1923

Architekt: Erich Mendelsohn

Bauherr: Gustav Herrmann

„Meine Kollegen im Bauamt zeigten mir eines Tages einige gewagte Farbskizzen für eine Hutfabrik. (...) Ich fand, sie sähen aus wie expressionistische Kunst und es war immerhin seltsam, es zu wagen, sie einem städtischen Bauinspektor in Luckenwalde zu unterbreiten," schrieb der Architekt Richard Neutra 1962 rückblickend über seine ersten Begegnungen mit den Entwürfen von Erich Mendelsohn. Es ist bezeichnend, dass sich sowohl die Stadt Luckenwalde als auch der Auftraggeber, der Hutfabrikant Gustav Herrmann, auf dieses „Wagnis" eingelassen hatten.

Gustav Herrmann hatte Mendelsohn in Berlin kennengelernt und ihn mit verschiedenen Projekten beauftragt, darunter mit dem Entwurf der Siedlung am Upstallweg für den von ihm gegründeten Luckenwalder Bauverein und – nach der Fusion mit dem Unternehmen Friedrich Steinberg – mit dem Bau einer neuen Hutfabrik im heutigen Industriegebiet. Mendelsohn entwickelte die Gesamtanlage achsensymmetrisch aus den Produktionsabläufen heraus, vom Kessel- und Maschinenhaus über die Fabrikationshallen bis zur Färberei. Architektonisch ist sie präzise durchkomponiert. Wegen der Spannung zwischen Höhendominanten und gelagerten Gebäudemassen, der expressiven Linienführung der Architektur wie auch der ausdrucksstarken Fassadenbehandlung aus plastisch gebändertem Ziegelmauerwerk hat die Fabrik schon damals die Zeitgenossen begeistert, die sie fotographisch in Szene setzten.

„Die funktionelle Dynamik ist das Postulat," schrieb Mendelsohn 1923 an seine Frau Luise. Was er damit meinte, lässt sich an der Hutfabrik gut nachvollziehen. Die Fabrikationshallen wurden über einer Grundfläche von 150 x 56 Metern aus 31 sich nach oben und unten verjüngenden Eisenbetonrahmenbindern konstruiert – für die Zeit eine herausragende Ingenieurleistung auf dem Gebiet des Stahlbetonbaus. Glasoberlichter sorgten für beste Produktionsbedingungen. Der präg-nanteste Bau der Anlage ist die Färberei. Der hohe trapezförmige Dachaufsatz sollte eine optimale Entlüftung der giftigen Dämpfe gewährleisten und wurde wegen der ungewöhnlichen Form, dem „Hut", zum Markenzeichen der Fabrik.

Farbskizze von Erich Mendelsohn, 1920

Färberei, um 1923

Fabrikationshallen, im Hintergrund das Kessel- und Maschinenhaus

Herrmann starb 1932, Steinberg führte die Fabrik weiter. 1934 wurde sie wegen der NS-Pogrome an die Norddeutsche Maschinenbau AG zur Waffenproduktion verkauft und erfuhr seitdem zahlreiche Umbauten. 1999 wurde die Produktion eingestellt. Seit dem Jahr 2000 wird die Fabrik schrittweise saniert, um ein einzigartiges Industriedenkmal und Zeugnis der Architekturgeschichte des 20. Jahrhunderts wiederherzustellen. **UL**

Fabrikationshallen

Die Hutfabrik ist aufgrund der Baumaßnahmen nicht zugänglich.

Siedlung „Freie Scholle"

Trebbin
Höpfnerstraße 1–18

Bauzeit: 1924–1926

Architekt: Bruno Taut

Bauherr: Gemeinnützige Siedlungsgenossenschaft „Freie Scholle" Trebbin eGmbH

Wohnungsorganisation der Gewerkschaften. Es war seine erste Arbeit für die GEHAG, bei der Taut dann zum Chefarchitekten avancierte und in deren Auftrag er weitere zahlreiche Bauvorhaben projektierte.

Die „Freie Scholle" in Trebbin ist in der Form eines Angerdorfes angelegt und zeichnet sich durch die starke Einbindung in die Landschaft aus. Bruno Taut verband damit das Ideal einer ländlichen Lebensgemeinschaft. Er entwarf elf Doppelhäuser des gleichen Typs, die locker um den Anger gruppiert sind. Es waren einfache Häuser mit je vier Wohneinheiten, bestehend aus zwei Zimmern und Küche. Zur Selbstversorgung gehörten zu jedem Haus ein Garten und ein Stallgebäude, in dem sich auch die Toilette befand. Die

Blick in die Höpfnerstraße

Die Siedlung „Freie Scholle" befindet sich in idyllischer Lage am Rand von Trebbin an der Straße nach Zossen. Seit der behutsamen Sanierung in den Jahren 2001/02 zählt sie zu den Kleinodien der Brandenburgischen Siedlungsarchitektur.

Bruno Taut war Stadtbaurat in Magdeburg, bevor er für die Siedlungsgenossenschaft „Freie Scholle" die Gesamtplanung anfertigte. Die Ausführung übernahm die GEHAG, die neu gegründete progressive

Eingänge liegen an den Ecken und sind mit Ziegeln betont. Die Fassaden werden mit unterschiedlichen Fenstern gegliedert. Auffallend sind die stufenförmig, dem Verlauf der Treppe folgenden Fenster an den Giebelseiten. Diesen Haustyp variierte Taut für andere Siedlungen wie etwa die Streusiedlung in Berlin-Mahlsdorf.

Trotz der gleichen Haustypen kommt in der Trebbiner Siedlung keine Monotonie auf. Dazu trägt die variable Ausrichtung der Häuser innerhalb der Parzellen und ihre unterschiedliche Farbigkeit bei. Der in kräftigen Farbtönen eingefärbte Putz – hier in rot und gelb – gehört zu den prägnantesten Gestaltungselementen von Bruno Taut.

Von der Gesamtplanung Tauts wurden lediglich die ersten vier Doppelhäuser im Süden ausgeführt. Die Herstellung der übrigen Bauten übernahm ab 1926 die Märkische Wohnungsbau GmbH, die – wie deutlich zu erkennen ist – den Typenhausentwurf abänderte. Noch heute kann in der Siedlung „der Wille der Gesamtheit erspürt werden." (Taut, Siedlungsmemoiren, 1936). **UL**

Doppelhaus von Taut

Ansicht von Nordwesten

Gartenseite

Hauseingang

Wohnhaus Bruno Taut

Dahlewitz
Wiesenstraße 13

Bauzeit: 1925–1926

Architekt: Bruno Taut

Gartenarchitekt: Leberecht Migge

Bauherr: Bruno Taut

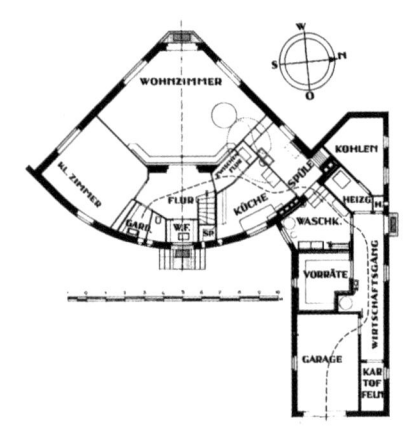

Einer der eigenwilligsten Bauten der Weimarer Republik ist das Einfamilienhaus von Bruno Taut. Der berühmte Stadtplaner und Architekt, unter anderem Schöpfer von vier genossenschaftlichen Welterbe-Siedlungen der Berliner Moderne, verwirklichte sein Ideal vom individuellen Wohnen weit außerhalb der Metropole: im märkischen Dorf Dahlewitz, etwa 25 Kilometer südlich vom Stadtzentrum entfernt.

In der von Wiesen und Kiefernwäldern geprägten Landschaft entstand für die Familie Taut ein in Form- und Farbgebung radikales Wohngebäude. Bis ins kleinste Detail wurde das knapp bemessene Haus vom Bauherrn akribisch durchgeplant.

Es besitzt die außergewöhnliche Grundform eines Viertelkreises, wodurch es manches Mal spöttisch mit einer „Käseecke" verglichen wurde. Mit seinen spitz zulaufenden, weißen Flanken schiebt es sich „wie ein Schiff mit seinem Bug ... in das Wiesengebiet und seine frische Luft vor." (B. Taut) Aufgrund der seltenen Baufigur ist das zweigeschossige Flachdachhaus effektvoll von der Straße abgeschirmt und – entsprechend der Maxime Tauts – ganz zur Natur hin orientiert. Im Norden schließt sich dem Haupthaus ein niedriger Wirtschaftstrakt an.

Damals wie heute aufsehenerregend ist der mattschwarze Anstrich der gebauchten Ostfassade. Er begründet sich neben ästhetischen Erwägungen in der Funktion der Energiegewinnung durch das Absorbieren des morgendlichen Sonnenlichts. Die avantgardistische Farbgestaltung findet im Inneren ihre Fortsetzung. Kräftige, stark kontrastierende Töne beherrschen Wände, Decken und bauzeitliche Ausstattung. Selbst Heizkörper und -rohre zeigen eine eigene, satte Kolorierung.

Das Wohnhaus in Dahlewitz ist ein Musterbeispiel des durch Bruno Taut zeitlebens propagierten „Farbigen Bauens". Zudem entspricht es in seiner höchst funktionalen Konzeption uneingeschränkt den Prinzipien des Neuen Bauens.

Bruno Taut selbst sah in seinem am stärksten persönlich geprägten Projekt ein handfestes Vorbild für eine künftige Wohnarchitektur. Unmittelbar nach Fertigstellung veröffentlichte der schreibfreudi-

Grundriss Erdgeschoss, 1927

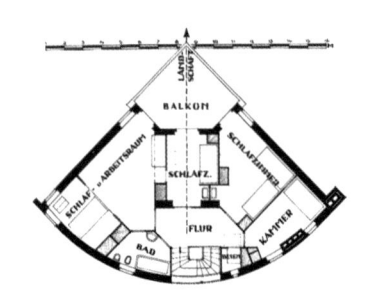

Grundriss Obergeschoss, 1927

Gartenfassade, 1926

ge Baumeister ein reich bebildertes Buch über sein Familiendomizil. Es ist heute eines der aussagekräftigsten Zeitdokumente über die Theorien des bedeutenden Protagonisten der Weimarer Republik.

NB

1988–96 wurde das Haus einschließlich seiner spektakulären Farbigkeit denkmalgerecht durch Winfried Brenne Architekten wiederhergestellt. Eine Besichtigung ist aufgrund der privaten Nutzung des Objektes nicht möglich.

Eingang, 1926

Arbeitsnische Obergeschoss, 1927

Dank
Ein großer Personenkreis stand uns bei den Recherchen und der Beschaffung von Informationen zur Seite. Unser Dank gilt an dieser Stelle dem Brandenburgischen Landesamt für Denkmalpflege und Archäologischen Landesmuseum, Prof. Dr. Detlef Karg und den Mitarbeitern der Abteilung Inventarisation, die uns mit wertvollen Informationen und Ratschlägen unterstützten. Wichtige Hilfe leisteten Katrin Witt von der Unteren Denkmalschutzbehörde Brandenburg an der Havel und Jörg Limberg von der Unteren Denkmalschutzbehörde der Stadt Potsdam.

Für die Bereitstellung von historischen Bildern und Plänen gebührt unser Dank der Akademie der Künste Berlin/Baukunstarchiv, dem Deutschen Technikmuseum Berlin, der Kunstbibliothek der Staatlichen Museen zu Berlin, dem Stadtmuseum Brandenburg an der Havel, dem Stadtarchiv Cottbus, der Stiftung Bauhaus Dessau, dem Museum Viadrina Frankfurt (Oder), dem Stadtarchiv Frankfurt (Oder) und dem HeimatMuseum Luckenwalde.

Herzlich gedankt sei Nils Estrich, Paul, Detlef und Ulrich Hammer, Ulrich Hartung, Maik Kullick, Sylvia Laible, Andrés Ludewig und Ana Maria Mancasola, Kurt Müller, Barbara Petri, Frau Reichardt, Stadtarchiv Finsterwalde, Wolfgang Schäche, Joachim Schultka, Beate Wehlke, und dem Verein baudenkmal bundesschule bernau e. V. für ihre Unterstützung sowie all jenen, die uns bereitwillig Ihre Türen zur Objektbesichtigung öffneten.

Unser besonderer Dank gilt Jessica Hänsel und Steffi Kuthe für Fotorecherchen, Felicia Wendel für die Zeichnung der Karten sowie Markus Hilbich für die Fotografien in diesem Buch. Für die Betreuung der Drucklegung danken wir Markus Sebastian Braun und Manuela Roth vom Verlag Braun Publishing AG.

Anhang

Literatur

Grundlage für die Erschließung der Bauten bildet die fundiert bearbeitete „Denkmaltopographie der Bundesrepublik Deutschland", Denkmale in Brandenburg mit weiterführender Literatur. Bisher sind erschienen:

Irmgard Ackermann: Stadt Cottbus. Altstadt, Mühleninsel, Neustadt und Ostrow, innere Spremberger Vorstadt, „Stadtpromenade", westliche Stadterweiterung, historisches Brunswig. (Denkmaltopographie der Bundesrepublik Deutschland, Denkmale in Brandenburg, Bd. 2.1) Worms 2001.
Marie-Luise Buchinger: Stadt Brandenburg an der Havel. Teil II: Äußere Stadtteile und eingemeindete Orte. (Denkmaltopographie der Bundesrepublik Deutschland, Denkmale in Brandenburg, Bd. 1.2) Worms 1995
Marie-Luise Buchinger und Marcus Cante: Landkreis Teltow-Fläming. Stadt Jüterbog mit Kloster Zinna und Gemeinde Niedergörsdorf. (Denkmaltopographie der Bundesrepublik Deutschland, Denkmale in Brandenburg, Bd. 17.1) Worms 2000.
Marie-Luise Buchinger: Landkreis Potsdam-Mittelmark. Nördliche Zauche, Gemeinde Groß Kreutz, Kloster Lehnin, Michendorf, Schwielowsee und Stadt Werder (Havel) sowie Gollwitz und Wust/Stadt Brandenburg an der Havel. (Denkmaltopographie der Bundesrepublik Deutschland, Denkmale in Brandenburg, Bd. 14.1) Worms 2009.
Markus Cante: Stadt Brandenburg an der Havel. Teil I: Dominsel, Altstadt, Neustadt. (Denkmaltopographie der Bundesrepublik Deutschland, Denkmale in Brandenburg, Bd. 1.1) Worms 1994.
Sybille Gramlich: Landkreis Elbe-Elster. Die Stadt Herzberg, Elster und die Ämter Falkenberg, Uebigau, Herzberg, Schlieben und Schönewalde. (Denkmaltopographie der Bundesrepublik Deutschland, Denkmale in Brandenburg, Bd. 7.1) Worms 1998.
Sybille Gramlich: Stadt Frankfurt (Oder). (Denkmaltopographie der Bundesrepublik Deutschland, Denkmale in Brandenburg, Bd. 3) Worms 2002.
Matthias Metzler: Landkreis Ostprignitz-Ruppin. Stadt Neuruppin. (Denkmaltopographie der Bundesrepublik Deutschland, Denkmale in Brandenburg, Bd. 13.1) Worms 1996.
Ilona Rohowski: Landkreis Barnim. (Denkmaltopographie der Bundesrepublik Deutschland, Denkmale in Brandenburg, Bd. 5) Worms 1997.
Ilona Rohowski: Landkreis Märkisch-Oderland. Städte Bad Freienwalde und Wriezen, Dörfer im Niederoderbruch. (Denkmaltopographie der Bundesrepublik Deutschland, Denkmale in Brandenburg, Bd. 9.1) Worms 2005.
Ulrike Schwarz: Landkreis Ostprignitz-Ruppin. Gemeinde Fehrbellin, Amt Lindow (Mark) und Stadt Rheinsberg. (Denkmaltopographie der Bundesrepublik Deutschland, Denkmale in Brandenburg, Bd. 13.2) Worms 2003.

Allgemeine Literatur (Auswahl):

Modernes Bauen zwischen 1918–1933. Bauten im Land Brandenburg und ihre Erhaltung. Tagung am 16. und 17. Oktober 1998 im Stadttheater Luckenwalde, 7. Denkmaltag im Land Brandenburg, veranstaltet vom Brandenburgischen Landesamt für Denkmalpflege und der Brandenburgischen Gesellschaft für Landesgeschichte und Denkmalpflege e.V. (Arbeitshefte des Brandenburgischen Landesamtes für Denkmalpflege, Nr.10, Sonderheft). Potsdam 1999.
Harald Bodenschatz, Carsten Seifert: Stadtbaukunst in Brandenburg an der Havel. Vom Mittelalter bis zur Gegenwart. Berlin 1992.
Thomas Drachenberg: Die Baugeschichte der Stadt Luckenwalde von 1918-1933. Hg. vom Brandenburgischen Landesamt für Denkmalpflege, Prof. Dr. Detlef Karg. (Forschungen und Beiträge zur Denkmalpflege in Land Brandenburg, Bd. 2) Worms 1999; sowie Katalog (CD-Rom).
Karl-Heinz Hüter: Reform und Moderne in Brandenburg. In: Baukunst in Brandenburg. Hg. von der Landesregierung Brandenburg. Köln 1992, S. 216-237.
Karl-Heinz Hüter: Der Siedlungsbau im Land Brandenburg vom Ende des 19. bis Mitte des 20. Jahrhunderts. Historische Studie und Dokumentation. Hg. vom Ministerium für Stadtentwicklung, Wohnen und Verkehr des Landes Brandenburg. Potsdam 1995.
Kulturland Brandenburg (Hg.): Abbruch, Umbruch, Aufbruch – Regionale Baukultur in Brandenburg. Potsdam 2000.
Ingo Materna: Brandenburg als preußische Provinz in der Weimarer Republik (1918 bis 1933). In: Ingo Materna und Wolfgang Ribbe (Hg.): Brandenburgische Geschichte. Berlin 1995, S.561-618.
Ulrike Schwarz, Matthias Noell: Weimarer Republik und Nationalsozialismus. In: Denkmalpflege im Land Brandenburg 1990-2000. Bericht des Brandenburgischen Landesamt für Denkmalpflege und Archäologischen Landesmuseums. Bearb. von Michaela Aufleger, Detlef Karg u.a. (Forschungen und Beiträge zur Denkmalpflege im Land Brandenburg, Bd. 5). 2 Bde. Worms 2001, Bd. 1, S. 190-203.

Architekturführer:

Ingrid Bartmann-Kompa, Aribert Kutschmar, Heinz Karn: Bezirk Potsdam. Hg. von der Bauakademie der DDR, Institut für Städtebau und Architektur. Berlin 1981.
Ingrid Halbach: Bezirk Frankfurt (Oder). Hg. von der Bauakademie der DDR, Institut für Städtebau und Architektur. Berlin 1987.
Catrin During, Albrecht Ecke: Architekturführer Potsdam. Gebaut! Berlin 2008.
Peter Güttler: Berlin-Brandenburg. Ein Architekturführer. Hg. vom Institut für Städtebau und Bauakademie gemeinsam mit dem Architekten- und Ingenieurverein zu Berlin. Berlin 1990.
Ingrid Halbach, Karl-Heinz Müller u.a.: Cottbus. Wanderungen durch Stadt und Umgebung. Berlin, München 1993.
Lars Scharnholz (Hg.): Die unbekannte Moderne. Von Luckenwalde nach Löbau. Berlin 2004.
Lars Scharnholz (Hg.): Die unbekannte Moderne. Von Eberswalde nach Walbrzych. Forst 2006.
Michaela Schubert, Wolfgang Bernschein: Potsdam-Babelsberg. Der spezielle Reiseführer. Berlin 2005.
Paul Sigel, Silke Dähmlow, Frank Seehausen, Lucas Elmenhorst: Architekturführer Potsdam. Berlin 2006.

Literaturempfehlung zu den Objekten:

Potsdam
Einsteinturm
Klaus Hentschel: Der Einstein-Turm. Erwin F. Freundlich und die Relativitätstheorie – Ansätze zu einer „dichten Beschreibung" von institutionellen, biographischen und theoriegeschichtlichen Aspekten. Berlin, New York 1992.
Jörg Limberg: Entwürfe, Ausführung und Erweiterungsbau. In: Brandenburgisches Landesamt für Denkmalpflege (Hg.): Erich Mendelsohns Einsteinturm in Potsdam (Arbeitshefte des Brandenburgischen Landesamtes für Denkmalpflege, Nr. 5). Potsdam 1994, S. 4-75.
Astrophysikalisches Institut Potsdam (Hg.): Der Einsteinturm in Potsdam. Architektur und Astrophysik. Berlin 1995.
Norbert Huse (Hg.): Der Einsteinturm. Die Geschichte einer Instandsetzung. Stuttgart, Zürich 2000.
Joachim Krausse, Dietmar Ropohl, Walter Scheiffele: Vom großen Refraktor zum Einsteinturm. Eine Ausstellung zum 70. Jahrestag des Einsteinturms in Potsdam. Dessau 2002.
Hans Wilderotter (Hg.): Ein Turm für Albert Einstein. Potsdam, das Licht und die Erforschung des Himmels. Potsdam 2005.

Siedlung Stadtheide
Das Bauhandwerk 1 (1924/25), S. 23-27.
Wasmuths Monatshefte für Baukunst 6 (1921/22), H. 4/5, Abb. S. 152, 153.

Siedlung Am Schragen
Karl-Heinz Hüter: Der Siedlungsbau im Land Brandenburg vom Ende des 19. bis Mitte des 20. Jahrhunderts. Historische Studie und Dokumentation. Hg. vom Ministerium für Stadtentwicklung, Wohnen und Verkehr des Landes Brandenburg. Potsdam 1995, S. 94-95.
Detlef Harms: 85 Jahre „Vaterland". Zur Geschichte der ehemaligen GWG „Vaterland". www.pwg1956.de/content/view/93/59/.

Villa Gutmann
Jörg Limberg: Potsdam – Ein Ort der Moderne? Architekten und ihre Bauten im ersten Drittel des 20. Jahrhunderts. In: Brandenburgische Denkmalpflege 6 (1997), H. 2, bes. S. 77-78.
Antje Uta Hartmann: Potsdam. Die Villa Gutmann. Gedanken zu einer möglichen Nutzung. In: Brandenburgische Denkmalpflege 11 (2002), H. 2, S. 40-60.
Thomas Tunsch: Alles vergeht, ob Trauer oder Freude. Das „Arabicum". In: Vivian J. Rheinheimer (Hg.): Herbert M. Gutmann. Bankier in Berlin. Bauherr in Potsdam. Kunstsammler. Leipzig 2007, S. 107-118.
Wolfgang Brönner: Erlaubt war, was gefiel. Gutmanns Landsitz am Jungfernsee. In: Vivian J. Rheinheimer (Hg.): Herbert M. Gutmann. Bankier in Berlin. Bauherr in Potsdam. Kunstsammler. Leipzig 2007, S. 78-106.
Jan Thomas Köhler, Jan Maruhn: Die Sammlung des Bankiers Herbert M. Gutmann (1879–1942). In: Privates und öffentliches Sammeln in Potsdam: 100 Jahre „Kunst ohne König". Ausstellungskatalog zum Gründungsjubiläum des (II.) Potsdamer Kunstvereins und des Potsdam-Museums im Haus der Brandenburgisch-Preußischen Geschichte, 15. Mai - 2. August 2009. Berlin 2009, S. 82-86.

Roland Mascherek: Turnhalle – Villa Gutmann. In: ArchitraV e.V. (Hg.): Reinhold Mohr - ein Architekt der Moderne. Begleitbuch zur gleichnamigen Ausstellung im Alten Rathaus Potsdam vom 13. September 2009 - 31. Oktober 2009. Potsdam 2009, S. 67-74.

Depot der Städtischen Straßenreinigung und Müllabfuhr
Stadtverwaltung Potsdam, Bereich Untere Denkmalschutzbehörde: Plansammlung, Acta specialia Hebbelstraße 1, Bd. 2.
Jörg Limberg: Potsdam – Ein Ort der Moderne? Architekten und ihre Bauten im ersten Drittel des 20. Jahrhunderts. In: Brandenburgische Denkmalpflege 6 (1997), H. 2, S. 62-85.

Villa Mosler
Martin Gaier, Claudia Mohn: Haus Mosler, Neubabelsberg. Dokumentation einer Zerstörung. Planungs-, Ausführungs- und Veränderungsgeschichte des Hauses. In: Johannes Cramer, Dorothee Sack (Hgg.): Mies van der Rohe. Frühe Bauten. Probleme der Erhaltung Probleme der Bewertung. Berliner Beiträge zur Bauforschung und Denkmalpflege, Bd. 1. Petersberg 2004, S. 71-86.
Michael Zajonz (unter Mitarbeit von Ralf Dorn): Ein Haus „das sehr gut in die ernste, märkische Landschaft passt"? Bemerkungen zur Materialästhetik und Ausstattungskonzept einer traditionalistischen großbürgerlichen Villa. In: Ebd. S. 87-102.
Casa Mosler, Potsdam/Mosler House, Potsdam. In: 2 G, Revista internacional de arquitectura/International Architecture Review (o. J.), H. 48/49 (Mies van der Rohe. Casas/House), S. 64-69.

Bauten der Ufa auf dem Filmstudiogelände Babelsberg
Otto Kohtz' Tonfilm-Werkstadt. In: Westermanns Monatshefte für Baukunst und Städtebau 14 (1930), S. 129-134.
Otto Kohtz: Neue Werkkunst. Berlin, Leipzig, Wien 1930.
Jürgen Schebera: Damals in Neubabelsberg. Studios, Stars und Kinopaläste im Berlin der zwanziger Jahre. Leipzig 1990.
Wolfgang Jacobsen: Babelsberg 1912–1922. Ein Filmstudio. Berlin 1992.
Ralph Paschke: Potsdam. Die Bauten der „Deutschen Bioscop", „Ufa" und „DEFA" in Neubabelsberg. In: Brandenburgische Denkmalpflege 2 (1993), H. 1, S. 51-59.
Volker Schlöndorff: Zum „Tonkreuz" von Otto Kohtz in Neubabelsberg, dem ersten Tonfilmstudio der „Ufa". In: Brandenburgische Denkmalpflege 2 (1993), H. 1, S. 60 61.
Wolfgang Schäche u.a.: Filmstadt Babelsberg, 2 Bde. Berlin 1994 (unveröffentlichtes Manuskript).

Wohnanlage der Gewoba
Dr. Litterscheid: Vom Bauen und Siedeln nach dem Kriege. In: Das Buch der Stadt Nowawes. Hg. vom Magistrat der Stadt Nowawes, bearbeitet vom ersten Bürgermeister Rosenthal. Berlin-Spandau 1930.
Karl-Heinz Hüter: Der Siedlungsbau im Land Brandenburg vom Ende des 19. bis Mitte des 20. Jahrhunderts. Hg. vom Ministerium für Stadtentwicklung, Wohnen und Verkehr des Landes Brandenburg. Potsdam 1995, S. 100 f.
70 Jahre Gewoba e. G. Babelsberg, 1928–1998. Ein Rückblick auf 7 Jahrzehnte Bau- und Wohnungspo-

litik. Hg. von Gemeinnützige Wohnungsbaugenossenschaft e. G. Potsdam 1998.
Silke Dähmlow: Wohnanlage der Gewoba. In: Architekturführer Potsdam. Hg. von Paul Sigel, Silke Dähmlow, Frank Seehausen, Lucas Elmenhorst. Berlin 2006, S. 170.

Verwaltungsgebäude der Allgemeinen Ortskrankenkasse Nowawes
[Bürgermeister] Rosenthal: Das Buch der Stadt Nowawes. Berlin, 1930 S. 2.
Jörg Limberg: Potsdam – Ein Ort der Moderne? Architekten und ihre Bauten im ersten Drittel des 20. Jahrhunderts. In: Brandenburgische Denkmalpflege 6 (1997), H. 2, S. 62-85.

Geltow, Villa Frank
Dietrich Worbs: Ernst Ludwig Freud in Berlin. In: Bauwelt 88-4 (1997), H. 42, S. 2398-2403.
Ulrich Borgert: Villa Frank in Geltow. Ein Bau des Architekten Ernst Ludwig Freud. In: Brandenburgisches Landesamt für Denkmalpflege (Hg.): Modernes Bauen zwischen 1918 und 1933. Bauten im Land Brandenburg und ihre Erhaltung (Arbeitshefte des Brandenburgischen Landesamtes für Denkmalpflege, Nr.10, Sonderheft). Potsdam 1999, S. 60-67.
Barbara Ingenweyen: Villa Frank und Park in Geltow erbaut von Ernst Ludwig Freud 1928-1930. In: Lars Scharnhorst (Hg.): Die unbekannte Moderne. Von Luckenwalde nach Löbau. Berlin 2004, S. 14-19.

Caputh, Haus von Rochow
Heinrich L. Dietz: Mit einer Einleitung von Martin Richard Möbius. (Neue Werkkunst) Berlin, Leipzig, Wien 1930.
Jörg Limberg: Potsdam – Ein Ort der Moderne? Architekten und ihre Bauten im ersten Drittel des 20. Jahrhunderts. In: Brandenburgische Denkmalpflege 6 (1997), H. 2, hier S. 71.
Simone Neuhäuser: Potsdam. Der Architekt Heinrich Laurenz Dietz (1888-1942). In: Brandenburgische Denkmalpflege 11 (2002), H. 2, S. 63-75.

Caputh, Einsteinhaus
Dietmar Strauch: Einstein in Caputh. Die Geschichte eines Sommerhauses. Berlin, Wien 2001.
Dominic Bonfiglio: Paradies auf Zeit. Albert Einsteins Haus in Caputh. Potsdam 2005.

Kleinmachnow, Haus Bahner
Winfried Nerdinger: Haus Johannes Bahner, Kleinmachnow. In: Winfried Nerdinger: Der Architekt Walter Gropius. Berlin 1996, S. 182, WV 8.
Nicola Bröcker: Kleinmachnow bei Berlin. Wohnen zwischen Stadt und Land 1920-1945, Berlin 2009, S. 196-199.

Stahnsdorf, Grabstätten auf dem Südwestkirchhof Stahnsdorf
Peter Hahn (Hg.): Südwestkirchhof Stahnsdorf. Lexikon – Lesebuch – Parkführer. Badenweiler, 2003.
Wolfgang Gottschalk: Südwestfriedhof Stahnsdorf. Berlin 1990.
Gerhard Petzholtz: „Hier möchte ich begraben sein...!" – Ein Wegweiser über den Südwest-Kirchhof in Stahnsdorf bei Berlin. Mahlow 2004.
Förderverein Südwestkirchhof Stahnsdorf e.V. (Hg.): 100 Jahre Südwestkirchhof 1909-2009. Mahlow 2009.
Christoph Fischer und Volker Welter (Hg.): Früh-

licht in Beton. Das Erbbegräbnis Wissinger von Max Taut und Otto Freundlich in Stahnsdorf. Berlin 1989.
Annette Menting: Max Taut. Das Gesamtwerk. München 2003, S. 64 ff., WV Nr. 45.

Brandenburg an der Havel
Zollbausiedlung Memelland
E. F. Berking: Das Lamellendach. In: Die Volkswohnung 3 (1921), S. 316-318.
Moritz Wolf: Brandenburg (Havel). Hg. vom Magistrat der Stadt Brandenburg (Havel). (Deutschlands Städtebau) Berlin 1926, S. 59-60.
Karl-Heinz Hüter: Der Siedlungsbau im Land Brandenburg vom Ende des 19. bis Mitte des 20. Jahrhunderts. Hg. vom Ministerium für Stadtentwicklung, Wohnen und Verkehr des Landes Brandenburg. Potsdam 1995, S. 110-111.
Harald Bodenschatz, Carsten Seifert: Stadtbaukunst in Brandenburg an der Havel. Vom Mittelalter bis zur Gegenwart. Berlin 1992, S. 198 f.
Das Dach der Zukunft. Zollinger Lamellendächer der 20er Jahre. Konstruktion, Statik, Ästhetik, Verbreitung, Nachfolge. Beispiele in Bayern. Katalogbroschüre zur Ausstellung in der Fachhochschule München. Red. Florian Zimmermann u. a. München 2003.

Hauptfriedhof mit Krematorium
Moritz Wolf: Brandenburg (Havel). Hg. vom Magistrat der Stadt Brandenburg. (Deutschlands Städtebau) 2. Aufl. Berlin 1926, S. 64, 70-74. Der neue Hauptfriedhof mit Krematorium in Brandenburg a. d. Havel. In: DBZ 61 (1927), S. 377-384.

Wohlfahrtsforum
Architekt Ludewig. Mit einer Einleitung von Paul Ferdinand Schmidt. (Deutsche Architektur-Bücherei) Berlin, Leipzig, Wien 1931.
Harald Bodenschatz, Carsten Seifert: Stadtbaukunst in Brandenburg an der Havel. Vom Mittelalter bis zur Gegenwart. Berlin 1992, S. 223-225.

Friedrich-Ebert-Bad
Friedrich-Ebert-Bad Brandenburg-Havel. Mit Beiträgen von Stadtrat Konrad Eichler und Stadtbaurat Karl Erbs. Brandenburg 1930.
Karl J. Erbs: Bautechnisch-wissenschaftliche Untersuchung von Hallenbadeanstalten. Braunschweig 1931, S. 11-13, Abb. 5.
Friedrich-Ebert-Bad in Brandenburg a. d. Havel. In: Der Baumeister (1931), H. 2.
Harald Bodenschatz, Carsten Seifert: Stadtbaukunst in Brandenburg an der Havel. Vom Mittelalter bis zur Gegenwart. Berlin 1992, S. 223-225.

Wohnanlage an der Maerckerstraße
Karl Erbs (Hg.): Brandenburg (Havel). Trabantenstadt westlich Berlins. (Neue Stadtbaukunst) Berlin u. a. 1930, Tafel 5.
Großwohnungsblock der Stadt Brandenburg (Havel). In: Ostdeutsche Bau-Zeitung Breslau 29 (1931), H. 4, S. 25-27.
C[arl] Rudolph (Hg.): Der Regierungsbezirk Potsdam. (Deutschlands Städtebau) Berlin-Halensee 1931, S. 43, 91.

Verwaltungsgebäude des Stahl- und Walzwerkes
Wilhelm Rave: Ein neues Verwaltungsgebäude der Großindustrie. In: Deutsche Bauzeitung 62 (1928), H. 18/19, S. 161-168.

Evangelische Christuskirche
Ernst Pollack: Otto Bartning. Unser Lebensgefühl gestaltet in seinem Werk. Bonn 1926.
Kirche Wilhelmshof bei Brandenburg a. d. Havel.
In: Zentralblatt der Bauverwaltung 50 (1930), H. 44, S. 763-764.
Ingrid Küster: Otto Bartning als Kirchenbaumeister. Bonn 1982.
Jürgen Bredow, Helmut Lerch: Materialien zum Werk von Otto Bartning. Darmstadt 1983.
Ulrich Buchholz: Moderner Kirchenbau in einer Arbeitergemeinde um 1928. Zur Geschichte der evangelischen Kirchengemeinde und ihres Gemeindezentrums in der Walzwerksiedlung Brandenburg/Havel. In: Herbergen der Christenheit 14 (1983/84), S. 119-135.
Hans Körner: Das Heilige und die Moderne. Otto Bartning und der protestantische Kirchenbau der 1920er Jahre. In: In situ. Zeitschrift für Architekturgeschichte 1 (2009), H. 2, S. 241-261.

Siedlungen in Kirchmöser
Harald Bodenschatz, Carsten Seifert: Stadtbaukunst in Brandenburg an der Havel. Vom Mittelalter bis zur Gegenwart. Berlin 1992, S. 234-239.
Anja Castens: Brandenburg an der Havel. Die Werkssiedlungen in Kirchmöser. Aspekte und Maßnahmen der praktischen Denkmalpflege. In: Brandenburgische Denkmalpflege 9 (2000), H. 1, S. 17-22.
Sebastian Kinder: Brandenburg an der Havel. Der Industriestandort Kirchmöser. Von der Pulverfabrik bis zum Ausbesserungswerk der Reichsbahn. In: Brandenburgische Denkmalpflege 9 (2000), H. 1, S. 4-16.

Rathenow, Siedlung am Friedrich-Ebert-Ring
Otto Haesler: Wohnungsneubauten des Rathenower Bauvereins in Rathenow. In: Bauwelt 20 (1929), Beil. S. 1-8.
Otto Haesler: Mein Lebenswerk als Architekt. Hg. von der Deutschen Bauakademie. Berlin 1957.
Angela Schumacher: Otto Haesler und der Wohnungsbau der Weimarer Republik. Marburg 1982.
Simone Oelker: Otto Haesler. Eine Architektenkarriere in der Weimarer Republik. Hamburg 2002.

Nauen, Großfunkstation
Michael Bollé (mit einem Beitrag von Georg Frank): Die Großfunkstation Nauen und ihre Bauten von Hermann Muthesius. Berlin 1996.

Fehrbellin, Rentengut-Siedlung
Havelländische Siedlungs GmbH (Hg.): Rentengut-Siedlung Fehrbellin. Berlin, o. J. (um 1930).
Karl-Heinz Hüter: Der Siedlungsbau im Land Brandenburg vom Ende des 19. bis Mitte des 20. Jahrhunderts. Historische Studie und Dokumentation. Hg. vom Ministerium für Stadtentwicklung, Wohnen und Verkehr des Landes Brandenburg. Potsdam 1995.

Hennigsdorf, Gruppenhäuser der AEG-Siedlung
Peter Behrens und Heinrich de Fries: Vom sparsamen Bauen. Ein Beitrag zur Siedlungsfrage. Berlin 1918.
Peter Behrens: Die Gruppenbauweise. In: Wasmuths Monatshefte für Baukunst IV (1919/20), S. 122-127.
Fritz Neumeyer: Die AEG-Arbeitersiedlungen von Peter Behrens in Berlin-Hennigsdorf und Oberschöneweide und das Bootshaus Elektra. In: Tilmann Buddensieg (Hg.): Industriekultur. Peter Behrens und die AEG 1907-1914. Berlin 2. Aufl. 1981, S. 127-140.
Karl-Heinz Hüter: Der Siedlungsbau im Land Brandenburg vom Ende des 19. bis Mitte des 20. Jahrhunderts. Hg. vom Ministerium für Stadtentwicklung, Wohnen und Verkehr des Landes Brandenburg. Potsdam 1995, S. 56-59.

Bernau, Bundesschule des ADGB
Hannes Meyer 1889-1954. Architekt Urbanist Lehrer. Hg. vom Bauhaus-Archiv Berlin und Deutsches Architekturmuseum Frankfurt am Main, in Verbindung mit dem Institut für Geschichte und Theorie der Architektur an der ETH Zürich. Berlin 1989, S. 188-217.
Simone Hain: Die Bundesgewerkschaftsschule des ADGB in Bernau – Das Hauptwerk von Hannes Meyer. In: Modernes Bauen zwischen 1918-1933. Bauten im Land Brandenburg und ihre Erhaltung. Potsdam 1999 (10. Arbeitsheft), S. 53-59.
Baudenkmal Bundesschule Bernau. Die Bau- und Nutzungsgeschichte. Hg. vom Verein zur Bewahrung des Hannes-Meyer-Baus Gewerkschaftliche Bundesschule in Bernau – Baudenkmal Bundesschule Bernau e.V. Weimar 2002.
Die Bundesschule der Gewerkschaften in Bernau bei Berlin. Dokumente zur Bau- und Nutzungsgeschichte 1927 bis 1933. Hg. vom Verein Baudenkmal Bundesschule Bernau e.V. (Beiträge zur Bau- und Nutzungsgeschichte, H. 1). Bernau 2003.
Weltkulturerbe vor den Toren Berlins. Hannes Meyer (1889-1954). Mit Beiträgen von Omar Akbar, Winfried Brenne, Heinz Deutschland, Thomas Dohmen, Detlef Karg, Adolf Stock u. a. (Beiträge zur Bau- und Nutzungsgeschichte, H. 4). Bernau 2004.

Eberswalde, Kupferhäuser
All Kupferhaus. Verkaufskatalog. O.O, 1931.
Gilbert Herbert: The Dream of the Factory-Made-House. Walter Gropius and Konrad Wachsmann. Cambridge (Mass.)/London 1984, S. 105-192.
Winfried Nerdinger: The Walter Gropius Archive. An illustrated catalogue of the drawings, prints and photographs in the Walter Gropius Archive at the Busch-Reisinger Museum, Harvard University. Cambridge, Mass 1990, Vol. 2, S. 237-364.
Winfried Nerdinger: Der Architekt Walter Gropius. Berlin 1985 (2. Aufl. 1996), S. 170-173, 258, 260.
Kurt Junghanns: Das Haus für Alle. Zur Geschichte der Vorfertigung in Deutschland. Berlin 1994, 235-240.
Ilona Rohowski: Landkreis Barnim. Teil 1: Stadt Eberswalde. (Denkmaltopographie Bundesrepublik Deutschland, Denkmale in Brandenburg, Bd. 5.1.) Worms 1997, S. 234-237.
Carsten Seifert, Harald Bodenschatz, Werner Lorenz: Das Finowtal im Barnim. Wiege der brandenburgisch-preußischen Industrie. Hg. von der Stadt Eberswalde. Berlin 1998 (2. Aufl. 2000), S. 42-45.
Bernhard Wellmann: Kupferhäuser. Auf den Spuren eines Vorfertigungssystems. Prüfungsmappe am Lehr- und Forschungsgebiet Denkmalpflege der RWTH Aachen 2005.

Niederfinow, Schiffshebewerk
Rolf Hofmann: Brücken, Schienen, Wasserwege. Berlin 1988.
Wilfried Theile: Das Schiffshebewerk Niederfinow. In: Brandenburgische Denkmalpflege 5 (1996), H. 1, S. 57-64.
Bundesingenieurkammer (Hg.), Eckhard Schinkel: Das alte Schiffshebewerk Niederfinow: Historische Wahrzeichen der Ingenieurbaukunst in Deutschland, Bd. 2. Berlin 2007.

Hans-Stefan Bolz: Hans Poelzig und der „neuzeitliche Fabrikbau". Industriebauten 1906-1934. Dissertation an der Universität Bonn, 2008.

Neuenhagen, Rathaus
Paul Schaefer: Der Rathausneubau in Neuenhagen bei Berlin. Der Wasserturm als Stadtkrone. In: Deutsche Bauzeitung 60 (1926), H. 101, S. 817.
Jan-Christoph Heusch: Neuenhagen bei Berlin. Rathaus mit Wasserturm. In: Brandenburgisches Landesamt für Denkmalpflege (Hg.): Modernes Bauen zwischen 1918 und 1933. Bauten im Land Brandenburg und ihre Erhaltung (Arbeitshefte des Brandenburgischen Landesamtes für Denkmalpflege, Nr.10, Sonderheft). Potsdam 1999, S. 117-125.
Mathias Noell: Das Turmrathaus in Neuenhagen bei Berlin – ein Zweckbau zwischen traditioneller Symbolik und aktueller Architekturdiskussion. In: Kristina Hübener (Hg. in Verbindung mit dem Brandenburgischen Landesamt für Denkmalpflege: Preußische Verwaltungen und ihre Bauten 1800-1945. Potsdam 2001, S. 129-138.
Gemeinde Neuenhagen bei Berlin (Hg.): 75 Jahre Neuenhagener Rathaus. Neuenhagen 2006.
Gemeinde Neuenhagen bei Berlin (Hg.): Ein Haus im Wandel der Zeiten. Zum 80-jährigen Jubiläum des Rathauses Neuenhagen. Neuenhagen 2006.

Frankfurt (Oder)
Häusergruppe am Anger und Gartensiedlung Paulinenhof
Martin Kießling: Stätten- und Städtebau in Frankfurt a. d. Oder. In: Zeitschrift für Bauwesen 74 (1924), Hochbauteil, H. 7-9, S. 51-75.
Martin Kießling: Ostmarkbauten. Städtebau in einer Mittelstadt. Stuttgart 1925.
Eva-Maria Höper: Frankfurt an der Oder. Der Architekt Martin Kießling (1879-1944). Städtebau der zwanziger Jahre zwischen Traditionalismus und Reformbewegungen. In: Brandenburgische Denkmalpflege 3 (1994), H. 2, S. 81-93.

Hindenburgschule (heute Erich Kästner Grundschule)
[Hugo] **Althoff**: Das neue Frankfurt an der Oder. Wirtschafts-, Bau- und Kulturaufgaben einer Mittelstadt. In: Deutsche Bauzeitung 60 (1926), H. 14, S. 121, 124.
Hans Berger-Schaefer: Die Hindenburgschule zu Frankfurt a. d. Oder. In: Bauamt und Gemeindebau [9] (1927), H. 23, S. 298 f.; Deutsche Bauhütte 31 (1927), H. 25, S. 324 f.
[Erich] **Blunck**: Volksschule Paulinenhof (Hindenburgschule) in Frankfurt a. O. In: Deutsche Bauzeitung 62 (1928), H. 11, S. 105-110.

Musikheim
[Wilhelm] **Lotz**: Das Musikheim Frankfurt an der Oder. In: Die Form 4 (1929), H. 19, S. 507-514.
Erich Bitterhof: Das Musikheim Frankfurt/Oder 1929-1941 (Schriftenreihe des Archivs der deutschen Jugendbewegung, Bd. 3.) Witzenhausen 1980.
Christof Baier, Julia Berger: Frankfurt an der Oder. Das Musikheim von Otto Bartning und die Pädagogische Akademie von Hans Petersen. Zwei architektonische Zeugnisse der Bildungsreform der Weimarer Republik. In: Brandenburgische Denkmalpflege 13 (2004), H. 1, S. 17-35.

Pädagogische Akademie (heute Carl-Friedrich-Gauß-Gymnasium)
[Hans] **Petersen**: Zum Entwurf für den Neubau der Pädagogischen Akademie in Frankfurt (Oder). In: Frankfurter Oder-Zeitung, 20. Mai 1930.
[Hans] **Petersen**: Die Hochschule für Lehrerbildung in Frankfurt a. d. Oder. In: Zentralblatt der Bauverwaltung 55 (1935), H. 44, S. 861-871.
Christof Baier, Julia Berger: Frankfurt an der Oder. Das Musikheim von Otto Bartning und die Pädagogische Akademie von Hans Petersen. Zwei architektonische Zeugnisse der Bildungsreform der Weimarer Republik. In: Brandenburgische Denkmalpflege 13 (2004), H. 1, S. 17-35.

Friedhofshalle mit Krematorium
[Josef] **Gesing**: Der Entwurf für das Krematorium. In: Frankfurter Oder-Zeitung, 4. April 1928.
[Otto] **Morgenschweis**: Das Krematorium Frankfurt (Oder). In: Volksfreund, 2. November 1930.
[Hans] **Andree**: Ein ostdeutsches Krematorium. In: Bauamt und Gemeindebau 13 (1931), H. 7, S. 100 f.

Fürstenwalde, Wohnanlagen der Gewoba
Architekt Ludewig. Mit einer Einleitung von Paul Ferdinand Schmidt. Berlin, Leipzig, Wien 1931.
Stadt Fürstenwalde (Hg.): Fürstenwalde-Lesebuch 1272-1997. 725 Jahre Geschichte und Geschichten. Berlin 1997, S. 77-80.

Siedlung der Gewoba Guben
Franz T. L.: Gesunde Menschen in gesunden Wohnungen! Dritter Märkischer Wohnungsfürsorgetag in Guben. In: Frankfurter Volksfreund, 8. Oktober 1929.
Architekt Ludewig. Mit einer Einleitung von Paul Ferdinand Schmidt. Berlin, Leipzig, Wien 1931.
Karl-Heinz Hüter: Der Siedlungsbau im Land Brandenburg vom Ende des 19. bis Mitte des 20. Jahrhunderts. Historische Studie und Dokumentation. Hg. vom Ministerium für Stadtentwicklung, Wohnen und Verkehr des Landes Brandenburg. Potsdam 1995, S. 102.

Forst (Lausitz), Siedlung Eigene Scholle („Jerusalem-Siedlung")
Erwin Stein: Das Buch der Stadt Forst. Forst 1927, S. 74.
Neue Wohnbauten in Forst in der Lausitz. In: Zentralblatt der Bauverwaltung 47 (1927), H. 48, S. 617-621.
Peter Schuster: Das Wirken des Stadtbaurates Rudolf Kühn in Forst/Lausitz. Die Bauten und ihre Wirkung. In: Modernes Bauen zwischen 1918-1933. Bauten im Land Brandenburg und ihre Erhaltung (Brandenburgisches Landesamt für Denkmalpflege, Arbeitsheft 10, Sonderheft). Potsdam 1999, S. 127-131.
Jens Lipsdorf: Siedlung „Jerusalem" in Forst/Niederlausitz erbaut von Rudolf Kühn 1926/27. In: Lars Scharnholz (Hg.): Die unbekannte Moderne. Von Luckenwalde nach Löbau. Berlin 2004, S. 76-83.

Forst (Lausitz), Krematorium
Neue Baukunst 2 (1926), H. 15 (Sonderheft).
Fritz Schumacher: Die Feuerbestattung. (Handbuch der Architektur Teil 4: Entwerfen, Anlage und Einrichtung der Gebäude. Halbbd. 8: Kirchen, Denkmäler und Bestattungsanlagen, H. 3b). Leipzig 1939.
Norbert Fischer: Vom Gottesacker zum Krematorium. Eine Sozialgeschichte der Friedhöfe in Deutschland seit dem 18. Jahrhundert. Köln, Weimar, Wien 1996, bes. S. 122 ff. Aufzeichnung von F. Katzula, Krematorium Forst, 1991.

Cottbus
Friedrich-Ebert-Hof
Architekt Ludewig. Mit einer Einleitung von Paul Ferdinand Schmidt. Berlin, Leipzig, Wien 1931.
Karl-Heinz Hüter: Der Siedlungsbau im Land Brandenburg vom Ende des 19. bis Mitte des 20. Jahrhunderts. Historische Studie und Dokumentation. Hg. vom Ministerium für Stadtentwicklung, Wohnen und Verkehr des Landes Brandenburg. Potsdam, 1995, S. 104 f.

Dieselkraftwerk (heute Kunstmuseum Dieselkraftwerk Cottbus)
Kunstmuseum Dieselkraftwerk Cottbus, Anderhalten Architekten. Fotografie Ursula Böhmer, Text Falk Jäger. Berlin 2008.
Robert Graefrath, Dietmar Krauẞer: Cottbus. Das Dieselkraftwerk wird Kunstmuseum. Gewinne und Verluste. Eine denkmalpflegerische Bilanz. In: Brandenburgische Denkmalpflege 17 (2008), H. 2, S. 4-12.
Lars Scharnholz: Dieselkraftwerk, Cottbus. In: Lars Scharnhorst (Hg.): Die unbekannte Moderne. Von Eberswalde nach Walbrzych, Bd. 2. Forst 2006, S.48-57.

Feuerhauptwache
Ein ersehnter Wunsch erfüllt. Mit dem Bau der neuen Feuerhauptwache wird begonnen! Erfolgreiche Anleiheverhandlungen. In: Cottbuser Anzeiger, 2. August 1929.
Kurt Grundmann: Von der neuen Feuerwache. Baukünstlerische und Bautechnische Betrachtungen. In: 31. Verbandstag der Freiwilligen Feuerwehren der Provinz Brandenburg in Cottbus vom 28.-30. Juni 1930, S. 24-26.
Helmut Schweitzer: Die Geschichte der Feuerwehren von Cottbus und der am Stadtrand liegenden Dörfern bis 1945. In: Cottbuser Zeitung 1990, Nr.1, S. 10-15.

Volksschule VII (heute Bauhausschule)
Maria Lydia Schöne: Die Bauhausschule in Cottbus 1929/1939 und der Stadtbaurat Hellmuth Schröder. In: Steffen Krestin u.a. (Hg.): Die Bauhausschule in Cottbus. Cottbus 2009, S. 7-94.

Lehrerwohnhaus (heute Büro- und Wohnhaus)
Kurt Junghanns: Das Haus für alle. Zur Geschichte der Vorfertigung in Deutschland. Berlin 1994, S. 241 ff.

Senftenberg, Walther-Rathenau-Gymnasium (heute Walter-Rathenau-Grundschule)
Kurt Junghanns: Bruno Taut 1880-1938. Berlin 1983.
Silke Dähmlow: Senftenberg. Stadtplanerische Aspekte von Bildungsbauten zur Zeit der Weimarer Republik. In: Brandenburgische Denkmalpflege 10 (2001), H. 2, S. 44-57.
Ute Jochinke: Senftenberg. Die Schulbauten der Brüder Bruno und Max Taut und ihre Stellung in deren Werk. In: Brandenburgische Denkmalpflege 10 (2001), H. 2, S. 58-76.
Annette Menting: Max Taut. Das Gesamtwerk. München 2003.

Senftenberg, Katholische Volksschule (heute: Verwaltung des Klinikums Niederlausitz)
Silke Dähmlow: Senftenberg. Stadtplanerische Aspekte von Bildungsbauten zur Zeit der Weimarer Republik. In: Brandenburgische Denkmalpflege 10 (2001), H. 2, S. 44-57.
Ute Jochinke: Senftenberg. Die Schulbauten der Brüder Bruno und Max Taut und ihre Stellung in deren Werk. In: Brandenburgische Denkmalpflege 10 (2001), H. 2, S. 58-76.

Annette Menting: Max Taut. Das Gesamtwerk. München, 2003.

Lauchhammer, Siedlung „Grundhof"
Rudolf Eberstadt: Handbuch des Wohnungswesens und der Wohnungsfrage. Vierte umgearbeitete und erw. Aufl., Jena 1920, bes. S. 532-536.

Finsterwalde, Märchenhaus
Das Buch der Stadt Finsterwalde. Hg. vom Magistrat der Stadt Finsterwalde. Bearbeitet von Georg Geist. Berlin-Spandau 1930.
Karl Dassel: Das Märchenhaus in Finsterwalde. Mit einer Einführung von Hans Josef Zechlin. In: Bauwelt 33 (1942), H. 23/24, S. 7-9.
Karl-Heinz Hüter: Der Siedlungsbau im Land Brandenburg vom Ende des 19. bis Mitte des 20. Jahrhunderts. Historische Studie und Dokumentation. Hg. vom Ministerium für Stadtentwicklung, Wohnen und Verkehr des Landes Brandenburg. Potsdam 1995.
Sybille Gramlich: Wohnungsbau in den zwanziger Jahren in Finsterwalde. In: Der Speicher. 2. Jahresschrift des Kreismuseums Finsterwalde. Finsterwalde 1998, S. 67-71.
Manfred Woitzik: Leben und Werk des Stadtbaurates Karl Dassel. In: Der Speicher. 6. Jahresschrift des Kreismuseums Finsterwalde. Finsterwalde 2002, S. 75-84.

Finsterwalde, Siedlung der Gewoba
Karl Dassel: Die bauliche Entwicklung der Stadt. In: Das Buch der Stadt Finsterwalde. Hg. vom Magistrat der Stadt Finsterwalde. Bearbeitet von Georg Geist. Berlin-Spandau 1930, S. 19-38.
Architekt Ludewig. Mit einer Einleitung von Paul Ferdinand Schmidt. Berlin, Leipzig, Wien 1931.
Sybille Gramlich: Wohnungsbau der zwanziger Jahre in Finsterwalde. In: Der Speicher, H. 2. Jahresschrift des Kreismuseums Finsterwalde. Finsterwalde 1998, S. 67-71.

Jüterbog, Wohnhaus Dr. Estrich
Ein Wohnhaus auf dem Lande. Architekt: Rudolf Krüger, Saarbrücken. Ein Wohnhaus vor der Stadt. Architekt: Konrad Wachsmann. In: Wasmuths Monatshefte für Baukunst, 14 (1930), S. 553-556.
Konrad Wachsmann. In: Arts & Architecture 84 (1967), H. 4.
Michael Grüning: Ein Haus für Albert Einstein. Berlin 1990, S. 38.

Luckenwalde
Siedlung am Anger
Josef Bischof. Luckenwalde. Hg. im Einvernehmen mit dem Magistrat der Stadt Luckenwalde. (Deutsche Städtebau) Berlin 1922.
Karl-Heinz Hüter: Der Siedlungsbau im Land Brandenburg vom Ende des 19. bis Mitte des 20. Jahrhunderts. Hg. vom Ministerium für Stadtentwicklung, Wohnen und Verkehr des Landes Brandenburg. Potsdam 1995, S. 88.
Thomas Drachenberg: Die Baugeschichte der Stadt Luckenwalde von 1918-1933. Hg. vom Brandenburgischen Landesamt für Denkmalpflege, Prof. Dr. Detlef Karg. (Forschungen und Beiträge zur Denkmalpflege im Land Brandenburg, Bd. 2) Worms 1999, S. 57-80; Katalog (CD-Rom), S. 126-146.

Volksheim-Siedlung
Max Osborn: Kunst vor den Toren der Stadt. In: Vossische Zeitung, 10. September 1929.
Architekt Ludewig. Mit einer Einleitung von Paul Ferdinand Schmidt. Berlin, Leipzig, Wien 1931.
Karl-Heinz Hüter: Der Siedlungsbau im Land Brandenburg vom Ende des 19. bis Mitte des 20. Jahrhunderts. Historische Studie und Dokumentation. Hg. vom Ministerium für Stadtentwicklung, Wohnen und Verkehr des Landes Brandenburg. Potsdam 1995, S. 128.
Thomas Drachenberg: Die Baugeschichte der Stadt Luckenwalde von 1918–1933. Hg. vom Brandenburgischen Landesamt für Denkmalpflege, Prof. Dr. Detlef Karg. (Forschungen und Beiträge zur Denkmalpflege im Land Brandenburg, Bd. 2) Worms 1999, S. 106-111.
Matthias Noell: Formen der Moderne. Neues Bauen im Land Brandenburg. In: Brandenburgisches Landesamt für Denkmalpflege (Hg.): Modernes Bauen zwischen 1918 und 1933. Bauten im Land Brandenburg und ihre Erhaltung (Arbeitshefte des Brandenburgischen Landesamtes für Denkmalpflege, Nr.10, Sonderheft). Potsdam 1999, S. 7-28.

Stadttheater und Doppelvolksschule (heute Friedrich-Ebert-Grundschule)
Thomas Drachenberg: Die Baugeschichte der Stadt Luckenwalde von 1918–1933. Hg. vom Brandenburgischen Landesamt für Denkmalpflege, Prof. Dr. Detlef Karg. (Forschungen und Beiträge zur Denkmalpflege im Land Brandenburg, Bd. 2) Worms 1999, S. 50-56; Katalog (CD-Rom), S. 69-91.

Stadtbad
Karl J. Erbs: Bautechnisch-wissenschaftliche Untersuchung von Hallenbadeanstalten. Braunschweig 1931, S. 20-22.
Thomas Drachenberg: Die Baugeschichte der Stadt Luckenwalde von 1918–1933. Hg. vom Brandenburgischen Landesamt für Denkmalpflege, Prof. Dr. Detlef Karg. (Forschungen und Beiträge zur Denkmalpflege im Land Brandenburg, Bd. 2) Worms 1999, S. 46-49; Katalog (CD-Rom), S. 57-68.
Hutfabrik Friedrich Steinberg Herrmann & Co.
Erich Mendelsohn. Das Gesamtschaffen des Architekten. Skizzen, Entwürfe, Bauten. Berlin 1930 (Reprint Braunschweig/Wiesbaden 1988).
Erich Mendelsohn. 1887-1953. Ideen, Bauten und Projekte. Bearb. von Sigrid Achenbach. Ausst.-Kat. Kunstbibliothek SMPK Berlin, Berlin 1987.
Gerald Kühn von Kaehne/Christoph Lebek/Matthias Noell: Luckenwalde. Die ehemalige Hutfabrik Friedrich Steinberg. Herrmann & Co. von Erich Mendelsohn. In: Brandenburgische Denkmalpflege 1 (1992), S. 75-84.
Regina Stephan: „Denken von Tag zu Tag, wo Geschichte große Kurven schlägt und Hunderttausende unbefriedigt läßt." Frühe expressionistische Bauten in Luckenwalde, Berlin und Gleiwitz. In: Regina Stephan (Hrsg.): Erich Mendelsohn. Gebaute Welten. Arbeiten für Europa, Palästina und Amerika, Ostfildern-Ruit 1998, S. 44-63.
Thomas Drachenberg: Die Baugeschichte der Stadt Luckenwalde von 1918–1933. Hg. vom Brandenburgischen Landesamt für Denkmalpflege, Prof. Dr. Detlef Karg. (Forschungen und Beiträge zur Denkmalpflege im Land Brandenburg, Bd. 2) Worms 1999, S. 81-95; Katalog (CD-Rom), S. 15-32.
Ita Heinze-Greenberg und Regina Stephan (Hg.): Erich Mendelsohn. Gedankenwelten. Unbekannte Texte zu Architektur, Kulturgeschichte und Politik. Ostfildern-Ruit 2000.
Regina Stephan: Erich Mendelsohn und die Hutfabrik in Luckenwalde. In: Erich Mendelsohn und Moderne in Luckenwalde. Ausst.-Kat. Luckenwalde 2004, hg. von der Stadt Luckenwalde o. J. (2004), S. 22-51.

Trebbin, Siedlung „Freie Scholle"
Bruno Taut: Siedlungsmemoiren (1936). Abgedruckt in: Architektur der DDR 24 (1975), H. 12, S. 139.
Karl-Heinz Hüter: Der Siedlungsbau im Land Brandenburg vom Ende des 19. bis Mitte des 20. Jahrhunderts. Historische Studie und Dokumentation. Hg. vom Ministerium für Stadtentwicklung, Wohnen und Verkehr des Landes Brandenburg. Potsdam 1995, S. 98.
Winfried Nerdinger, Kristiana Hartmann, Matthias Schirren und Manfred Speidel (Hg.): Bruno Taut. 1880-1938. Architekt zwischen Tradition und Avantgarde. Stuttgart, München 2001.
Raimund Fein, Markus Otto und Lars Scharnholz (Hg.): Die Siedlung Freie Scholle in Trebbin. Neuer Umgang mit Siedlungen im ländlichen Raum. Cottbus 2002.
Winfried Brenne: Bruno Taut. Meister des farbigen Bauens in Berlin. Hg. von Deutscher Werkbund e. V. Berlin 2005, S. 66-67.

Dahlewitz, Wohnhaus Bruno Taut
Bettina Zöller-Stock: Bruno Taut. Die Innenraumentwürfe des Berliner Architekten. Stuttgart 1993, S. 62-68.
Bruno Taut: Ein Wohnhaus (Reihe der Kosmos-Haus-Bücher). Stuttgart 1927 (Neuausgabe mit einem Nachwort von Roland Jaeger. Berlin 1995).
Winfried Nerdinger, Kristiana Hartmann, Matthias Schirren und Manfred Speidel (Hg.): Bruno Taut. 1880-1938. Architekt zwischen Tradition und Avantgarde. Stuttgart, München 2001, S. 277-280, WV Nr. 114.

Autorenverzeichnis

NB	Nicola Bröcker
AB	Andreas Butter
SD	Silke Dähmlow
UL	Ulrike Laible
CS	Carsten Seifert

Mit Unikaten kennen wir uns aus

Stephan Allner,
Vorsitzender der Geschäftsleitung HOCHTIEF Construction AG formart Berlin-Brandenburg

Kunst und Kultur zu fördern, hat bei HOCHTIEF Tradition. Dabei fühlt sich das Unternehmen besonders der modernen Architektur verpflichtet. Denn: So wie beispielsweise die Gilde junger Architekten der 1920er Jahre neue Wege ging, hat auch HOCHTIEF immer wieder neue Wege beschritten, um das Stilempfinden der Gesellschaft zu beeinflussen und Trends zu setzen. In unserer mehr als hundertdreißigjährigen Unternehmensgeschichte haben wir zukunftsweisende Bauwerke auf der ganzen Welt realisiert und immer wieder Neues geschaffen.

Die moderne Architektur, die Anfang des 20. Jahrhunderts entstand, fördern wir in vielfältiger Weise, war sie doch für die deutsche Architekturgeschichte von großer Bedeutung: Erstmals bewegte sie sich in einem demokratischen Umfeld und konnte sich mit neuen Materialien sowie bahnbrechenden Ideen verwirklichen.

Die Spuren dieser Jahre führen glücklicherweise bis in die Gegenwart. Unser Anliegen ist es, diese Zeitzeugnisse zu verstehen und uns mit ihnen auseinanderzusetzen, sie zu bewahren und zu schützen, um sie auch künftigen Generationen zugänglich zu machen. So hat HOCHTIEF in den 1990er Jahren das Meisterhaus Kandinsky-Klee in Dessau aus dem Jahr 1925 vollständig restauriert und förderte zahlreiche namhafte Ausstellungen, die sich dieser Zeit widmen. Wir freuen uns darüber, auch diese Spurensuche zu unterstützen.

HOCHTIEF
CONSTRUCTION AG
formart
Berlin-Brandenburg

Bildnachweis

Akademie der Künste Berlin/Baukunstarchiv: 41 u., 45 o. li.
Architekt Ludewig. Mit einer Einleitung von Paul Ferdinand Schmidt. (Deutsche Architektur-Bücherei) Berlin, Leipzig, Wien 1931: 8; Foto: Max Krajewsky: 53 u.; 96, 97 o., 105 u., 122 u., 130 o., 130 u.
Bauamt und Gemeindebau 13 (1931), H. 7, S. 100: 92 o.
Das Bauhandwerk 1 (1924/25): 18 o., 18 u., 19 m.
Bauhaus-Archiv Berlin, Foto: Arthur Köster / © VG Bildkunst, Bonn 2011: 75 o.
Bautechnik 6 (1928): 49 u.
Bauwelt 1929, S. 4, Foto: Arthur Köster / © VG Bildkunst, Bonn-2009: 64
Rainer Berg/Winfried Brenne: Stadtbad und Turnhalle Alfred-Messel-Platz/Brandenburg. Voruntersuchung und Vorplanung 1991. Berlin 1991: 10
bpk / Kunstbibliothek, SMB: 136; Foto: Arthur Köster / © VG Bildkunst, Bonn 2009: 141 o., 141 u. li
Brandenburgische Denkmalpflege 2 (1993), H. 1: 31 o.
Brandenburgische Denkmalpflege 5 (1996), H. 1: 76 o.
Brandenburgisches Landesamt für Denkmalpflege (Hg.): Modernes Bauen zwischen 1918-1933. Bauten im Land Brandenburg und ihre Erhaltung (Arbeitsheft Nr. 10, Sonderheft), Potsdam 1999: 36, 37 o., 37 u.
Brandenburgisches Landesamt für Denkmalpflege und Archäologisches Landesmuseum, Bildarchiv /Foto: Dieter Möller: 133 u.
Nicola Bröcker: 29 u.
Andreas Butter: 79 u.
Silke Dähmlow: 97 u., 115 o.
Deutsche Bauzeitung 62 (1928), H. 18/19: 58
Die neue Linie, 1935, Fotos: Arthur Köster / © VG Bildkunst, Bonn 2009: 42, 43 u. li., 43 u. re.
Heinrich L. Dietz (Neue Werkkunst). Mit einer Einleitung von Richard Möbius, Berlin, Leipzig, Wien 1930: 39
Thomas Drachenberg: Die Baugeschichte der Stadt Luckenwalde von 1918-1933. Hg. vom Brandenburgischen Landesamt für Denkmalpflege, Prof. Dr. Detlef Karg. (Forschungen und Beiträge zur Denkmalpflege im Land Brandenburg, Bd. 2) Worms 1999: 123 o., 129 o. li., 129 o. re., 132, 134 o., 137 m.
Rudolf Eberstadt: Handbuch des Wohnungswesens und der Wohnungsfrage. Vierte umgearbeitete und erw. Aufl., Jena 1920: 118 o.
Karl Erbs (Hg.): Brandenburg (Havel). Trabantenstadt westlich Berlins (Neue Stadtbaukunst), Berlin u. a. 1930: 57 o.
Sammlung Nils Estrich, Liechtenstein: 125 u. li., 125 u. re.
Christoph Fischer und Volker Welter (Hg.): Frühlicht in Beton. Das Erbbegräbnis Wissinger von Max Taut und Otto Freundlich in Stahnsdorf. Berlin 1989: 46
Die Form, 4. Jg., 1929, H. 19: 88 u. m.
Erwin Freundlich: Das Turmteleskop, Berlin 1927: 17 o.
Gemeinnützige Siedlungsgenossenschaft „Freie Scholle" Trebbin eGmbH: 138
Gewoba Fürstenwalde: 95 m., 95 u.
Otto Haesler: Mein Lebenswerk als Architekt. Hg. von der Deutschen Bauakademie. Berlin 1957: 65 o.
Sammlung Paul, Detlef und Ulrich Hammer: 50, 53 o., 54 o., 55 o., 55 u.
HeimatMuseum Luckenwalde: 128, 134 u., 135 u. li., 137 o.
Karl-Heinz Hüter: Der Siedlungsbau im Land Brandenburg vom Ende des 19. bis Mitte des 20. Jahrhunderts. Hg. vom Ministerium für Stadtentwicklung, Wohnen und Verkehr des Landes Brandenburg. Potsdam 1995: 69 m.
Martin Kießling: Ostmarkbauten. Städtebau in einer Mittelstadt, Stuttgart 1925: 82 u., 85 o.
Otto Kohtz. Mit einer Einleitung von Werner Hegemann. Berlin, Leipzig, Wien 1930: 31 m.
Otto Kohtz. Mit einer Einleitung von Werner Hegemann. Berlin, Leipzig, Wien 1930: 31 u.
Sammlung Maik Kullick, Cottbus: 109 o.
Ulrike Laible: 26, 28, 66 u., 99 o., 137 u., 139 u. li., 139 u. re.
Landesarchiv Berlin, A Rep. 080 (Karten), Nr. 1073, Bl. 7.: 62 u.
Landesarchiv NRW – Abteilung Rheinland – RW 0229 Nr. 26046: 104
Hans Karl Frederick Meyer: Der Baumeister Otto Bartning und die Wiederentdeckung des Raumes. Darmstadt 1951: 88 u. li., 89 o.
Sammlung von Kurt Müller, Fehrbellin: 68
Museum Viadrina Frankfurt (Oder): 91 u., 93 o.
Ostdeutsche Bau-Zeitung Breslau 29 (1931), H. 4: 56 u.
Hans Petersen: Die Hochschule für Lehrerbildung in Frankfurt a. d. Oder, in: Zentralblatt der Bauverwaltung, 55. Jg., 1935: 90 o.
Vivian J. Rheinheimer (Hg.): Herbert M. Gutmann. Bankier in Berlin, Bauherr in Potsdam, Kunstsammler, Leipzig 2007: 24
[Bürgermeister] Rosenthal: Das Buch der Stadt Nowawes. Berlin, 1930: 34 u.
Stadt Forst, Bereich Friedhofsverwaltung: 100 o.
Stadtarchiv Frankfurt (Oder): 11, 87 o., 88 o., 89 u.
Stadtarchiv Senftenberg, Plansammlung: 114, 116, 117 o.
Stadtmuseum Brandenburg an der Havel: 56 o., 59 o.
Stadtverwaltung Potsdam, Bereich Untere Denkmalschutzbehörde, Plansammlung: 20 o., 20 u., 21 o., 21 u., 25 o.; Foto: Holger Vonderlind: 99 u.; 27 o., 27 u., 29 o.
Sammlung Stiftung Bauhaus Dessau / © Livia Klee/ Bern (Schweiz) / gta-Archiv/Zürich: 73 u.
Stiftung Deutsches Technikmuseum Berlin: 106 u.
Dietmar Strauch: Einstein in Caputh. Die Geschichte eines Sommerhauses. Berlin, Wien 2001: 40 u.
Bruno Taut: Ein Wohnhaus. Mit einem Nachwort zur Neuausgabe von Roland Jaeger, Berlin 1995: 140 o., 140 u., 141 u. re.
Konrad Wachsmann: Holzhausbau. Technik und Gestaltung. Berlin 1930: 12
Wasmuths Monatshefte für Baukunst 4 (1919/20): 70 u., 71 o., 71 u.; 14 (1930): 124
Wohnungswirtschaft Jg. 5 (1928): 33 o.; Jg. 6 (1929): 97 m.
Moritz Wolf: Brandenburg (Havel). Hg. vom Magistrat der Stadt Brandenburg (Havel). (Deutschlands Städtebau) Berlin 1926: 49 o.
Zentralblatt der Bauverwaltung 50 (1930), H. 44: 61 o., 61 u., 99 o., 98, 99 m.

Alle übrigen Fotografien: Markus Hilbich
Karten und Grundrisszeichnungen: Felicitas Wendel

Titelbild

Zeichnung: Das Schiffshebewerk Niederfinow: Großschifffahrtweg Berlin-Stettin. Hg. v. Neubauamt Eberswalde. Eberswalde o. J. (1932)
Foto: Markus Hilbich

Trotz intensiver Nachforschungen ist es nicht gelungen, sämtliche Rechteinhaber ausfindig zu machen. Zur Klärung eventueller Ansprüche bitten wir, sich mit der Herausgeberin in Verbindung zu setzen.